「日本人論」再考

船曳建夫

講談社学術文庫

はじめに

この本は、私が二〇〇二年にNHK教育テレビの「人間講座」という番組で、『「日本人論」再考』というタイトルで九回に分けて放送したときの同名のテキストを改稿し、かつ二倍ほどに書き足したものです。増えた理由は、第一部で明治から戦前までの日本人論を詳しく論じたのと、放映時やそのあとにさまざまな方からいただいた質問、コメントに、第三部を中心として、いろいろな箇所に加筆して答えようとしたからです。

それらの質問の中で最も多かったのは、「これからも日本人論は書かれるのでしょうか」という疑問と、「これから日本人はどうなりますか」というストレートな問いでした。

日本人論の将来に関しては、私はテキストの最終回に、これからはさまざまな日本人が生まれるので、「日本人たち論」が必要だ、と書きました。しかし、それは文章の流れに合わせて書いた、誤解を招きやすい「オチ」であったような気がしています。というのも、本書でも取り上げる『敗北を抱きしめて』という本の中で、ジョン・ダワーという歴史学者がそう示唆しているように、これまでだって日本と日本人は、日本「たち」と日本人「たち」だったのであり、この二一世紀になって、急に日本人「たち」について書かなければならなくなったのではないのです。

日本や日本人に「たち」といった複相性を無視することは、これまでの日本人論の特徴ではあっても、これまでの日本人の特徴ではなかったのです。長いものには巻かれろが日本人だ、と言われることがありますが、反骨の人は現在の私たちの社会や過去の歴史の中の至る所に見ることができます。その「反骨の人々」、個人として多勢に対して異論を述べる人たちの社会におけるパーセンテージは、外国と比べて、日本だけが特に少ないなどとは言えないでしょう。また、北から南までの地域差は、社会慣習でも気質の点でもずいぶんと違うのに、日本人論ではそれに十分な注意は払われない。そして、たとえば「在日」と呼ばれる人たちは「日本人」の複相性を作っているのですが、しばしばその存在は「無視」されるのです。

では、このように実際の身の回りの日本人や日本社会は複相的であったのに、ここ一五〇年近く、日本について語り出すと、日本人は同質性の強い人々である、日本が一枚岩の社会である、と表現されてきたのはなぜでしょう。

理由は二つです。一つは、そう思わせる条件があったことです。たとえば島国であることもあって、江戸時代以降近代まで他の国との人の移動が少なかったこと、日本語の分布範囲と北海道を除く日本列島――長いあいだの日本の国境――とが、ほぼ一致すること、そしてこれらの条件が、近代に入っても、いわば原・日本の所与の条件と思われてきたことなどがそれです。もう一つは、それらの条件を背景に、人々が日本を単相的な社会だ、と思いたかったということがあるでしょう。思いたかった、とは近代に入って国家の方針とその教育によって、日本という国を通じて自分を意識することが、自分の存在自体、アイデンティティを確かなものとしてとらえる強い方法だと気づかされたことによります。たとえば、つい最近まで、圧倒的に多くの人が自分は中流である、と思っていました。それは、自分は上でもなく下でもない中流である、言い換えれば「主流」である、と。いわば「ふつうの日本人」と思いたかったからでした。あるとき、私は、首相や大臣などを輩出している一族の一人が、自分たちのことを日本社会の中の「ふつうの人々」として語ろうとするのに、まさにぎょっとしたことがあります。

そして、もとより学問のレベルでは「日本人とは」という対象の取り方は誤差が大きすぎて、学問的な正確さを確保できません。だから研究者からは、日本人論は「大衆消費財」(ベフ 一九八七 以下、本書三一二―三一五頁の〔参考文献〕参照)であるという低くみなした言い方や、日本人論という議論の枠組みはとらないといった発言が出てきます。

こう考えてくると、一方ですでに日本人は日本人「たち」である、ということに気づいており、もう一方で学問的には日本人論というアプローチでは、日本社会の問題を正確に分析することはできない、と分かっている以上、日本人論は意味がないように思えます。しかし、それが、おそらくそうではないだろうから、話はややこしいのです。それは冒頭に挙げたもう一つのストレートな、「これから日本人はどうなりますか」という問いに意味がある、ということでもあるのです。

まず、この、日本人は日本人「たち」であり、日本人としてひとまとまりで語ろうとするとその論は学問の水準に達しない、ということとは別に、という二つの致命的な欠点にもかかわらず、この日本列島に住む人々は、そんなこととは別に、自分たちを「日本人」として語りたい願望を持っています。それは、日本という国家の国民であるという意識が強く持たれたある時点で、自分たちを「いくつものわれわれ」である日本人たちとして捉《とら》えるのではなく、「一つのわれわれ」である日本人として捉えることの方が、そのわれわれの結束を保証してくれる説明になるからです。このことはややこしい理屈ではありません。しかし、その「一つのわれわれ」の「一つ」であること、その単相性の根拠をある時点から過去に遡《さかのぼ》って探ることから、ややこしさが生まれます。

すなわち、こうです。日本人論でしばしば対象とされる「日本人」は、とくに「現在」とは銘打っていなくても、「いまの日本人」であり、それは、「これまでの日本人」と歴史的に連続性を持つものとして考えられています。その連続性を持った「日本人」は、あるときは江戸時代の村に暮らしていた人々のような倫理観を持つ人々として、また平安時代の貴族と呼ばれる人と同じような感性を持つ人々として、考えられたりします。ですから、歴史的時間の中で、頭は「いま」にあるが尻《しり》の方は「ずっと昔」まで尾を引いている存在です。この、歴史の中に連続体として存在している方の日本人を、この日本列島の歴史の中の、「文化的」存在としての日本人と呼びましょう。それは、徐々に変化を遂げながら、その「日本人」がどこまでふくむかははっきりしないまま、おそらく日本語が使われる限りは突如死に絶えることもなく、あるときは大幅に外の文化（中国大陸の文化、西欧文化）から影響を受け、またあるときはこちらから外に向かって影響を与えながら、存続していくでしょう。

この日本人について、「日本人とは何か」と考え、誇りを感じながら論じ合うのは知的に面白いことです。そして、話がここで終われば、日本人論は知的な大衆消費財としてのポジションのままに、長く人々に楽しまれていくだけのジャンルとなるでしょう。しかし、日本人論で期待されているのは、「日本人はどのような人々であったか」という問いの答えにとどまらず、「これから日本人はどうなりますか」という、問いかけへの解答です。前者の答えは、これまでの文化的存在としてのさまざまな日本人たちの例とその性向を述べればすむでしょう。しかし、後者への答えは、いま、そして近い未来に関して、われわれがどのような「一つのわれわれ」としての日本人であるのか、ある「べき」なのかを答えなければならないのです。

もとより、「これから日本人はどうなりますか」という問いは、いまから未来にかけての「われわれ」の存続を占う、切迫したものです。その日本人とは、端的に言えば、たとえば一〇年後の、日本という国の国民である人間集団のことです。それはどのくらい読み書き計算ができ、またはできず、どのくらい子を生み、または子を生まず、どれくらい勤勉で、または怠惰で、どのようなレジャーを楽しみ、または楽しまず、どのくらい、日本国に対して貢献の気持ちがあり、またはないのか、といった点に関心が持たれるような「日本人」です。この日本人は、国籍ということで外側がはっきりした、近代の国民国家の日本人です。先に述べた、文化的な存在の日本人のように、歴史の中に彗星のようにぼーっと尾を引いているものではなく、死んだ人は除外されて、いま日本列島に生きている人だけの、その人口を最後の一人まで数え上げられるような存在です。これを文化的存在に対して、意味合いをはっきりさせるために「国家的」存在としての日本人と呼びましょう。この方の日本人は、日本語が使われる限りは続いていくであろう文化的存在とは違って、もしも日本という国家が消滅するといなくなるはずのものです。そんなことはあり得ない想定のようでいて、近代の中で、消滅したり、合併したり、ゆるやかな連合を組んだりして、ある国家が、国家としての存在に区切りをつけることは珍しくありません。たとえば近代のヨーロッパでそうしたことは頻繁に起きました。

この二つの「日本人」という存在を措定して考えると次のことが言えます。日本人論というジャンルの著作は、圧倒的に多く――ひょっとするとすべて、かもしれませんが――の場合、文化的存在としての日本人、歴史の中の彗星のような、時間的に幅のある存在を対象に、その特徴、性向、傾向を記述し、まとめます。しかし、それは、そうした日本人の、過去からいまに至る性質を「知りたい」というところにとどまらないのです。自分たちがいまから未来へどのような「日本人」として続いていくのかを知ろうとします。そして、そこには「知ろう」という関心だけではなく、「なろう」とする切実な期待と願望がこめられます。その「なろう」とする日本人は、過去を振り返ったときの、結果としてさまざまな表れを持つ複相的な文化的存在としての日本人ではなく、「一つのわれわれ」としての単相的な国家的存在としての日本人なのです。たとえ、「多元的な社会」、「さまざまな個性」と語られていても、そうではない国家的なスローガンが機能してしまうような単相的な国家としての日本。

短く言えば、これまでの日本人論は、本の前半では、文化的存在としての日本人を分析の対象として扱い、理論が立ち上がると、後半では、その理論の応用の対象として国家的存在としての日本人を扱っていた、と言えます。

ここに見られるズレが何を作っているかは順々に論じていきますが、ここでは、いままで、日本人論でしてきたことはそういったことなのだ、という基本的な事実をはっきりさせておきます。つまり、日本人論では昔からある文化的存在としての「日本人的なもの」が何であるかを探って、それを根拠に、いまの日本国の国民はどういう人々か、今後の日本人はどうあるべきかを考える、ということをしてきたのです。それを国家ではなく個人のレベルで言えば、これまでの「日本人的なもの」を知り、その連続性の中に自分がいることを確認し、その「いま」のあり方である日本国民としてはどのような存在であり、自分は今後どのような「日本人の一人」となっていくかを定める、ということになります。

こう書くと、この文章のある箇所に反発が起きるでしょう。「国民」というところです。読者の中からは、自分は自分を「国民」と意識しない、という反論が出てきそうです。それに対しては、私は「国家」、「国民」という言葉が、第二次世界大戦後、長らくマイナスの用語としてみなされてきたために、それを「社会」や「文化」、古めかしくは「民族」という語ですり替えてきたのだ、と答えます。言葉ですり替えていても、日本人を国家とは離れた文化的存在だとして「客観視」しても、日本人論がホットなテーマであるのは、そこで意識されていたのが、日本という国家の行く末であり、その中の自分であったからです。日本人を論じて、何を知りたいのかといえば、第一のステップは、たとえばヨーロッパの慣習と日本の慣習、アメリカの教育方法と日本の教育方法の相違です。しかし、その相違に関する理論を適用して、何を判断するか、といえば、「外国人」と比べた「いま」の日本国の自分たちと自分のアイデンティティです。それは踏み込んで言えば、近代世界における日本という国と、日本人である自分たちの正統性の有る無しでした。その「国家のアイデンティティ」に関わる切実さがなければ、日本人論はこれほど必要でも、広く読まれも、熱く議論もされなかったと私は考えます。

第一部の三つの章ではそのこと、日本人論が「文化論」のようでいて、「国家論」

であることを説明します。そして、「これから日本人はどうなりますか」という問いには、第三部で答えてみようと思います。そのために、第二部による、戦後の日本人論の検証が必要となります。

目次

「日本人論」再考

第一部　「日本人論」の不安

第一章 「日本人論」が必要であった理由

日本について考えるとは「比較」すること

「日本人論」(注1)と呼べるような本はこれまでにどのくらい出ているのだろう。ことに第二次世界大戦以後は、数え切れないほど出版されている。一九九〇年に出た青木保『「日本文化論」の変容』では、その時点ですでにそうした本の出版は、「優に二千点はこすものと思われる」(二五頁、以下引用文の底本は本書三一二—三一五頁の〔参考文献〕参照)と推測しているから、その後現在まで十数年でさらにふえていることだろう。そして、その中のかなりの数はその時々のベストセラーとなっており、さらにいく点かは、数十年の長きにわたる、ロングセラーとなっている。これほど常に人気のあるテーマは他にあまりない。

では、なぜこれほどまでに多くの日本人論が書かれ、読まれるのだろうか。ヒントは、「日本(人)について考える」とはどういうことか、それはどういう状況で、何のためにするのか、というところにある。

日本について考えるとは、日本とそれ以外の違いについて考えることである。その違いを感じなければ、つまり、私たちを取り巻く日本の、その外側に世界があることに気づかなければ、日本は私たちにとって最大の世界ということになる。そうなれば、その「日本」を比較するものは何もなく、日本をどうこうと考えることはない。考えるのはその内側のことだけになる。日本について考えるとは、その外側に関心が向いて初めて起こることなのだ。

そのことは自分の家族について考えることと似ているだろう。ある家族に生まれ落ちて、育っていくとき、その中だけで暮らしていれば、家族はそれ以外にはないので、家族自体については「そんなものだ」と思うだけで、取り立てて考えない。それが他の家族を見て、父親がもっと優しかったり、お金がもっとあったり、日曜にはいつも一家で教会に行く、というのを見たりして、なぜ自分の家とは違うのだろう、と考え始める。自分のことを考えるとは、自分以外の人と比較することなのだ。

言い換えれば、日本人論という本の中身が、すべて日本人について書かれていても、それは表面に現れないところで日本以外の国や日本人以外の人と比べながら書かれている、ということだ。日本人は清潔好きである、と、書いてあるときは、日本人以外はあまり清潔好きではない、と暗に示唆しているのである。内容の中の隠し味としての比較ではなく、その比較をすることが内容の眼目なのだ。

日本列島に住んでいた人たちが「日本」について考え始めたのも、「日本以外」を考え出したときである。逆に、そのとき初めて「日本」というものができた、と言ってよい。日本についての意識の最初が正確にいつであったのかはここでは措くが、古いところでよく知られていることでは、聖徳太子《しょうとくたいし》が、「日出づる処の天子、書を日没する処の……」と書いたとき、中国との比較のうちに自分の国を意識したとは言えるだろう。また、たとえば、一二世紀前半の頃に成立した『今昔物語集《こんじやくものがたりしゅう》』という書物には、たくさんの物語が、天竺《てんじく》（インド）、震旦《しんたん》（中国）、本朝（日本）の三部に分かれて収められている。おそらくその頃の『今昔物語集』の読者、聞き手にとって、考えうる最も大きな範囲の世界の中の、三つの国の一つとして日本が考えられている。中国、インドと日本を対等に並べることは、説話集の中での分類に限ってではあっても、考え方の作法として、成立していたということは面白い。

もちろんその前から、日本列島では記紀《きき》や史書が書かれていて、「日本」について考えることは始まっていた。しかし、そうした日本についての認識は、日本が「ある」、ということまでは考えても、日本がどのようにあるのか、日本人とはどのような人たちなのか、といった、私たちがこれから考えるような日本人論に見られる強い関心をもって考察したものではなかったはずだ。そうした関心は、外の世界との比較の中で生まれる意識である。そうした自分の国を対象としてとらえる意識はしばしば、対外的危機の中に芽生えるとも言えるだろう。そのとき外国との比較はたんなる知的関心ではなく、危機への対処として行われる。『立正安国論《りっしょうあんこくろん》』、また『神皇正統記《じんのうしょうとうき》』が宗教界の内紛、また、天皇をめぐる内政的紛争の所産であるとしても、一三世紀から一四世紀にかけての、社会的不安、そして、元《げん》の襲来という強大な外国を前にした対外的危機によって触発された日本意識がそこには見られる。

しかし、私はこうした危機によって生まれた日本意識、それが国家モデルを構想する段階にまで至ったのは、一六世紀以降ではないかと考えている。そのことは、他の著作（船曳　二〇〇〇）で書いたこともあるが、ここにそのことを再び述べる。その国家モデルを置くことで、日本人論のある側面は明らかになるからだ。

日本の三つのモデル

この、日本では戦国時代と呼ばれる時期から一七世紀の初めにかけて、日本が対外的に自らを構想する、という事態が起きたことには理由が大きく三つある。まず第一に、中国の帝国システムからの日本の相対的な独立性が高まったこと。それは東アジアが、のちに明《みん》の滅亡（一六四四年）に見られる混乱の時期に入ろうとしていたことによる。第二に、ポルトガル人とそのヨーロッパ文明の来訪によって、「唐天竺《からてんじく》」より広い世界にじかに接触したこと。また同じ時期に、北辺にのちに清《しん》を築く騎馬民族の影響を感じ取っていた。第三に、公家と武士の二重政権の状態が、武士による権力確立によって、新たな国家体制を取ろうとしていたこと、である。そうした状況を背景に、私は織田信長《おだのぶなが》と豊臣秀吉《とよとみひでよし》と徳川家康《とくがわいえやす》がその後現在にまで続く日本のモデルを提出した、と考える。

信長の日本は、キリスト教に寛容であり、西洋の文物に関心を持ち、南蛮貿易に自ら積極的にたずさわろうとした。また外から入ってくるだけでなく、一五八二年の四人の少年による天正《てんしょう》遣欧使節、シャム（タイ）に渡った山田長政《やまだながまさ》、のちにスペイン・ローマに渡った伊達政宗《だてまさむね》による慶長《けいちょう》遣欧使節の支倉常長《はせくらつねなが》などのように、日本人の方から外国に出て行った歴史的事実も、信長の考えた日本のあり方、モデルによって可能となったものである。私はこのモデルを「国際日本」と呼ぶ。しかし、このモデルの問題の一つは、西洋があまりに「遠い」という単純な距離の事実にあったと思われる。信長の統一半ばの死によってだけではなく、この東と西の隔たりは、信長の構想した国際日本のモデルを安定したかたちでは成立させなかったに違いない。そして、そのことは未だに日本の持つ条件として働いている。

これに対して、秀吉の日本は「大日本」と呼べるものだ。秀吉は、信長のあとを引き継ぎ、キリスト教が西洋からの政治勢力として持つ潜在的な力をそぐために宣教師の追放を行った。しかし、キリスト教の布教の手段にもなっていた南蛮貿易は自らの管理下に独占しようとした。また、東南アジアには、朱印船貿易（秀吉ではなく家康が始めたという説が強くなっているが）などで影響力を伸張する。しかし、彼の東アジア政策で最も有名なのは、朝鮮半島への出兵策である。そこには晩年の秀吉が持った誇大妄想癖からの影響が否みがたいが、それは全く無根拠の思いつきであったのではない。そこには、一六世紀後半の明が、北方からのモンゴル人と南方の倭寇《わこう》やポルトガルなどの勢力から絶えず脅かされる不安定な存在となっていた事実がある。そして、北方からの北海道への影響を分断する、という地政学的な判断にも基づいていたことが知られている。実際に、秀吉が成功しなかった明の打倒は、のちに清となる勢力によってその数十年後に果たされたのであった。さらにのちになって、中国人と日本人の女とのあいだに生まれた鄭成功《ていせいこう》が、中国、日本、台湾を横断しながら反・清の運動を繰り広げたのは、秀吉の汎《はん》東アジア的な構想に地政学的な現実性のあった証左と言えるだろう。

秀吉ののちの家康が創始し、確立し、それから現在に至るまで日本のモデルとして未だに社会の各レベルに沁《し》みわたっているのが「小日本」である。徳川の幕藩体制とは、家康の出身地の小さな地域を治めるシステムを全国に及ぼしたものだと言われているが、非常に「内向きな」、細かい単位にまで支配の網の目が張り巡らされた緻密《ちみつ》なものであった。しかし、家康は当初から「小日本」モデルを取っていたのではなく、朱印船貿易を奨励するなどして、東南アジア各地に日本人町ができるような「大日本」の方向へのお膳立てをしていたのであった。キリスト教には不寛容でありながら、貿易などを通じて、そうした「外に向かう」「大日本」的なモデルに沿う施策をしいた家康が、海外往来の禁止、のちにいわゆる鎖国と呼ばれる政策に転換するのは、日本内外のキリスト教勢力、及びその背後にあると考えられた西洋からの政治的力に、そのまま国を開いていてはよく対抗し得ない、と判断を下した結果であった。その家康の死ののちに完成した「鎖国」は対外的な外交政策であったが、それがその内に招来したのは、外からの疫病の襲来も少なく、飢饉《ききん》も小規模で、戦争は全く見られない、人口論的には奇跡とも思える驚くべき、循環型の、持続可能な社会であった。

これらの三つのモデルが生まれたのは、対外的に独立した国としてのモデルを取る必要が生まれたことと、そうした国家としての力量が備わったことの二つによる。それまでは大陸の東の辺境にある島国として、外からの力を受けることが相対的に少ない位置にあったが、一六世紀になって、大航海時代に始まる地球の一元化の波がやっと到達したのだ。それはまた、東アジアが大明帝国の衰退によって次第に不安定になる時期とも重なっていた。その事態に直面して、短い期間に矢継ぎ早に生まれた前述の三つのモデルは、当時の日本の条件から考えられうる国家体制として、「日本」についての三つの可能性を試したものと言えよう。それぞれは互いに重なり合っている。しかし、はっきりと異なる三つの焦点を持つ。

この日本モデルはじつはその後の明治以後の日本にも三つの流れとしてみられる。植民地として他の帝国主義国家に捕食されないように図体を大きくしようと計った日本は「大日本」を目指した。しかし、そうした大日本が国策のモデルであった明治以降の八〇年の歴史の中でも、大正時代の国際連盟への参加後の一時期は、「国際日本」モデルにも焦点は合わされていた。また「小日本」の議論も常に存在して、有名なのは戦前すでに「植民地」を手放すことを主張した石橋湛山《いしばしたんざん》の主張である。そして、戦後の日本は明らかに「国際日本」をモデルとして取った。それはまた経済「大国日本」に変質していくのだが。

本書でのちにふれることになる福沢諭吉《ふくざわゆきち》、新渡戸稲造《にとべいなぞう》、夏目漱石《なつめそうせき》の三人が、それぞれ「大日本」、「国際日本」、「小日本」の主導者であり、それが二〇〇四年まで流通していた紙幣の肖像となった「国家的偉人」と見なされていることは興味深い。すなわち、この三つの流れは、常に存在して、また、どれか一つに収斂《しゅうれん》はせず、それぞれのモデルは、その価値が現在でも認められている、ということを表しているだろう。やや先取りして言えば、近代に入ると日本が国家としてのモデルを取ろうとするとき、この三つのモデルは常に存在し、中期的にはその時期の状況に合わせてこのどれかに焦点を結ばざるを得ない。しかし、いずれもそれぞれの欠点を持っていて、長期的には一つのモデルだけが続くことはなく現在に至っている、と。そして、そのモデルが変換されるごとに、また、そのモデルの実現が達成されたと感じられるときに、またその体制が劣化しつつあると感じられるときに、日本人論は書かれるのである。

江戸時代の「外国」

再び論の流れに戻ろう。ここでは一六世紀から一七世紀にかけて、国際日本と大日本の二つのモデルは試してみたものの、この時期にはまだ条件が熟しておらず、小日本モデルだけが、外からの力に対抗し、国内の秩序を保つ幕藩体制として実現された、ということを押さえておこう。

この小日本、ことに外国との交流を極端に絞った江戸期の小日本は、「日本人論」が生まれる余地は少なかった。日本人とは何か、日本とは何か、といった問題を外国との比較を通して考える、ということ自体が一般には禁じられていたと言ってよい。

しかし、私はあるとき、文楽《ぶんらく》を観ていて、そこに現れた場面が、感覚的にはその後のいまに至る日本人論に似通ったところがある、と思ったことがある。それは近松門左衛門《ちかまつもんざえもん》の戯曲『国性爺合戦《こくせんやかっせん》』（一七一五）で、主人公の和藤内《わとうない》（先にふれた鄭成功をモデルとしている）の老母が中国側の人質となっている場面のことであった。その老母は、人質ではあっても情けを知る敵方に大事にされて、竜眼肉、あひるの油揚げ、豚、羊、牛の肉と贅沢《ぜいたく》なご馳走《ちそう》でもてなされるのだが、彼女は、「そんなものよりおむすびがほしい」と要求する。ここには、たんに中国側のもてなしと日本人の老女の好みとのくい違いを示して笑いを誘うだけでなく、明らかに「こってり」した中国と「さっぱり」した日本、という対比がなされている。江戸時代の人形浄瑠璃《にんぎょうじょうるり》の観客で中国料理を実際に食したことがある人は少なかったろうと思うのだが、人々の伝聞と想像による知識の中に、日本以外との対比によって、「日本」の特徴をくっきりと描き出そう、という作者近松の意図がある。そして、それを観ている人々の、難しい理屈によってではなく、「日本」というものについての考えが、単純な図式によっていっぺんに「腑《ふ》に落ちる」という、納得がある。このステレオタイプといってもよい図式的説明は、のちの日本人論の特徴である。

こうして、外の世界に背を向けるような国家体制でありながら、江戸時代の中期にも、日本はどのようにあるのか、日本人とはどのような人であるのかという思いは、庶民のレベルにも、あったことがうかがわれる。『国性爺合戦』は、江戸時代には珍しく、日本と中国（明・清）が舞台になった国際的スケールの戯曲である。それはすでに述べた秀吉が構想した東アジアにおける日本のあり方、大日本につながる。それは観客にとっては、珍しくも、日本をそれ以外の国と比較する機会であったのだ。近松にとってもそうしたことを考えることは、特別に想像の翼を広げることだったのかもしれない。

また、江戸期の日本は閉ざされていたとはいえ、西洋の事物は長崎の出島《でじま》を通して、ごく一部の人々にではあるが、継続して入ってきていた。それを購《あがな》えるお金を持つものは高価な洋書を手にしていた。また、朝鮮からもある時期まで大がかりな使節、「朝鮮通信使」が来訪して、九州から江戸までの長い旅程の中で当時の人々に「外国」を見せることになった。また一八世紀以降は、新たに蝦夷地《えぞち》（北海道）とそのさらに北の樺太《からふと》や沿海州についての知識が、江戸などの都市にもたらされた。これは北辺に迫ってきていたロシアに対する幕府の政策として行われた調査行がもたらしたものだった。

その地域の北方諸民族に関する、最上徳内《もがみとくない》、間宮林蔵《まみやりんぞう》、近藤重蔵《こんどうじゅうぞう》らの残した資料には、規模は小さいのだが、古典的な帝国、たとえば中国やローマがその周辺の民族について書き記したものと同じ視線がある。異なるものへの好奇心と、その前提になっている相手を低く劣ったものとみなすことである。そして、その態度は彼らにとってあまりに当たり前であるために、とり立てて意識されていない。

ここでそれを述べたのは、何も、その当時の日本人の対外姿勢の「植民地主義的」な内実を批判しようとしてのことではない。むしろ、どのように蝦夷地を植民・開拓していくかはっきり方針が定まらないうちに、開国を迎えてしまった、というのが事実だから、「植民地主義的」と言うことすら当たらないだろう。しかし、そうした、いわば悪意にも成長していなかった対外意識の持ち主の日本人が、のちの開国によって、思ってもいなかった視線、自分たちを好奇の、そして見下すそれにさらされたときのショックには特別のものがあった、と考えるべきであろう。ちなみに、当時ロシアは日本に外交交渉を求めるべく、一七三六年にはサンクトペテルブルクに日本語学校ができ、日本からの漂流者を日本語のネイティブ・スピーカーとして、日本との外交交渉が開始されるのを準備していた。一六世紀の末に秀吉が北方について感じ取っていたことは、いわば、こちらからトンネルを掘るときに、向こうからもトンネルを掘り始めていることを、先駆けて察知していたということだったのだ。そして、ロシアは、黒船が現れる半世紀以上前の一七九二年に、大黒屋光太夫《だいこくやこうだゆう》を連れ、根室《ねむろ》に来航した。そのときの彼らの日本を見る目は、すでに帝国主義時代のものであった。しかし、同じように北方へ調査探検を行っていた江戸の日本には、帝国主義につながるような秀吉の「大日本」モデルはその考え方の中にはっきりとはしておらず、ロシアが日本を見る目とは、この時点でずれていたと考えられる。

外から開けられたかのような「日本」

こうした外からの刺激は、江戸後期の蘭学者や富裕な都市の商人などに外の世界を感じさせていた。また、江戸の中期にあっても新井白石《あらいはくせき》のように要職にあり、外国の事情を知るルートを持ち、またそれを理解することができた大知識人の頭の中では、すでに他の国や民族との比較（『西洋紀聞』、『蝦夷志《えぞし》』）は始まっていた。しかし、多くの日本人の強い関心事となったのは、一八五三年、ペリーの（根室のように遠い地ではなく江戸の近くの）浦賀《うらが》への来航により、一挙に西洋の国々への扉が開くことになったときからである。

それまでの朝鮮、中国、インドといったぼんやりとしたアジア世界を考えたり、オランダといった一国との対外関係の内にあるときは、日本とは何であるか、といったことを考えさせる強い「必要」は出てこなかった。そこでは、社会のどのレベルにあっても、日本を取り巻く世界の存在を心底感じ取って『海国兵談《かいこくへいだん》』（一七九一）を著した林子平《はやししへい》などの例外を除けば、自分たちの生きている世の中を「日本」という無意識に自分を限定しているものの中で考え、人によっては興味に応じてそこから「蝦夷趣味」といったただの好奇心でもって、外を覗《のぞ》いていれば済んだのである。それが、黒船によって、突然、複数の国々が互いに交渉し合う国際社会に向かって国が開け放たれた。このときのアメリカによるペリーの来訪は砲艦外交と呼ばれる、力で交渉を有利に運ばせるもので、自分たちの優位な立場を鮮明に誇示していた。一八世紀末以来、北方でのらりくらりとロシア一国を相手にしているときは対等であると思い込んで感じなかったのに、独特の屈辱感と脅威をアメリカの黒船外交に感じたのである。

このようにして、開国したのちの日本人が見出した「日本」というものは、すべての国――といってもこの場合、他のアジアの国々やアフリカ、南アメリカといった当時すでに劣位に置かれていた国々や地域は入っていないのだが――の中で、どこよりも下位に置かれているかのように感じられる国であった。こうした劣位の感情、というものの現在のかたちは、いまでも、いわゆる第三世界に行けば日常的に見て取れる。私は人類学者としてのフィールドワークで、むしろそのような地域に多く滞在し、そうした意識、傷の根深さをいつも感じていた。こうした傷、「独特」と書いた屈辱感と脅威、それらはすべて「近代化」というもののもたらす優劣の「差」から生まれる。日本が長い「鎖国」と呼ばれる、外国との交渉を狭めていた時期に、ユーラシア大陸の西部と北米で起きた産業革命を一つの原動力とする、「近代」という歴史的段階が生んだ社会・文化システムと技術とが作り出した、圧倒的な「差」のことである。

いわば、日本が「眠っている」あいだに産業文明が始まり、その中で欧米の国々は、すべての分野で近代の「進歩」の競争を帝国主義という政治・経済体制の中で行っていたのだ。それゆえに、この開国以降の日本にとっては、すでにスタートを切っていたマラソンに、遅れてスタートさせられた走者の気分であったろうと思われる。一番ビリ。そんな焦りの気持ちや、アヘン戦争後の中国のように国家の肉を切り取られるかもしれないという怖れ、そうした不安は国際状況を理解することのできた為政者の一部でははっきりと、また、黒船とそれに対する幕府の対応を見た野次馬にもぼんやりと、いずれの場合も逆戻りすることなく広がっていったろう。

そうした政治状況が一九世紀半ばにおいて実際にどのようであったか、そうした国家的不安をどのくらい一般の個人も感じていたかは、別の詳しい検証を必要とするが、それから数十年経った一九世紀の終わりには、すでに日本列島の人々の、日本についての「語り方」は国家の主導によってできあがっていたと思われる。その物語が、「日本人論」というものを必要とするのだ。

「日本」という物語が「日本人論」を必要とする

私はここで一つの仮説を提出する。第一章でそのことを述べ、それを以下の章で、実際に「日本人論」を読んでいく際に、その著作にある個別の問題を解きながら、日本人論全体に関わるこの仮説を検証する、という形を取ろうと思う。

仮説は次のようである。「日本人論」とは、近代の中に生きる日本人のアイデンティティの不安を、日本人とは何かを説明することで取り除こうとする性格を持つ。不安を持つのは、日本が近代の中で、特殊な歴史的存在であること、すなわち、「近代」を生み出した西洋の地域的歴史に属さない社会であった、ということに由来する。その、日本がいわゆる「西洋」近代に対して外部のものであることは歴史的な規定であり、時間をさかのぼっては変えることはできないから、不安は、繰り返しやって来る。よって、「不安」が高まるときには、その不安の個別性に添って説明する「日本人論」が書かれる。しかし、このアイデンティティの不安は根元的で、解消されないものだから、常に新たな「不安」が生まれ、そのつど新たな「日本人論」がベストセラーとなる。なお、この「不安」とは、決して、「日本」が危機となったときにだけ増大するのではなく、国運が好調のときもまた、その「成功」に確信が持てないため「不安」が生まれる。それゆえ、国力が低まったときも高まったときも、不安とそれに対する日本人論が現れることになる。

この仮説の背景に、「日本」という物語がある。それは、およそここ一五〇年間の物語である。一五〇年以上前にさかのぼって語り始められるが、それは、現在から振り返って、過去の歴史を解釈することによってであって、物語の現在は、あくまで、ここ一五〇年、「近代」の物語である。

その物語の中では、主体は日本社会というシステムであっても、また、数千万から一億を超える人数を持つ日本人であっても、単数の主人公が語られる。単数とは数だけの問題でなく、性質上、単相的であって複相的ではない、という意味を持つ。それは物語というものの構造からくる決まりである。そのように主人公の性格を単純化し、社会のような抽象的な概念も擬人化することによって、物語の「筋」というものがはっきりする。そうしたことによって、人間の思考における装置として「物語」は機能する。「自分たち」、詳しく言えば「自分」がその中にいる「自分たち」を、自分の外に見えやすい形で示して、とらえ、考え、予測するのである。日本人みなが、日本人とは何だ、日本はどうなるのだ、と考える、その大もとの資料、ネタとして「日本」という物語が語られるのだ。

その物語の中で、「一人の」「日本人」は、近代化をやむなく強制されて、近代化の中で競争をしている存在として出発する。それは、開国以降の明治日本、そして現在に至るまでの日本に起きた事件に対応している。その点では、この物語はほとんど事実と言ってしまいそうになる。しかし、「やむなく強制」というのは事実ではなく、解釈によってそう考えていることである。無理に開国させられたのか、開国の必要性を感じ取っていたところにチャンスが来たのか、事実はその間のどこかにありそうだが、「やむなく強制」という感覚は現在にまでつきまとっている。たとえば国際的な条約（難民に関する条約）でもいいし、また国際的なシステム（金融システム）でもいいのだが、それらを受け入れなければならないときに、それらが内発的に生まれたものとは考えられない。その思考法は、開国のあとの、近代化の競争に取り急ぎ参加させられたときと同型のことがらとして、本来そうではないものをやむなく強制されている感じを持つことから導かれている、と見える。

しかし、そのやむなき競争を「日本」はよく戦った。その中で成功も収めた。しかし、失敗もした。その波乱に満ちた物語は西洋の小説のジャンルで言えば、主人公の自己形成の物語である「教養小説」となろう。日本で似通っているものとしては、古典的な出世物語、『太閤記《たいこうき》』のようなものがそれに当たる。この物語は最終的な成功に向かって語られるのだが、筋の途中では、主人公はいつも上へ上へ、という気持ちに突き動かされて、これ以上のぼれるだろうか、落ちるのではないかという不安の中にいる。いうならば、そうした不安を克服すること自体が主なストーリーとなっている物語である。

しかし、日本という物語のテーマは、たんに、成功を高く望むがゆえに湧《わ》く不安を、成功することで克服する、というところにとどまらない。もしそのようなことが主題であるならば、この一五〇年間、何度かの失敗はあるとはいえ、基調は右肩上がりであり、それは、結局は何部かに分かれたサクセスストーリーとして書かれてもよいのだ。しかし、すでに「仮説」の中でふれたように、その不安、「日本人論」を生むことになったその不安は、たんに国としての存在を脅かされていると感じる危難のときだけではなく、日本自体が高揚している、順風のときにも現れる。日露戦争前後の国家的高揚の時期、また、高度経済成長が最終的段階に達し、日本経済が我が世の春を謳歌《おうか》したとき、そうしたときにも、「不安」は生まれ、日本人論は書かれるのだ。そして、日本についての三つのモデルのうちの一つが、そのつど装いを新たに焦点を結ぶ。

すなわち、前に「独特」の屈辱感と脅威と書いたものは、帝国主義的争い、近代化という「進歩」の競争、それ自体に負けることから来るのではなく、その競争、レースにそもそも日本は参加資格があるのか、という疑いから来るものである。日本が「近代」の正統な走者ではないという疑い。西洋「近代」の外部のものとして、その近代を受け入れることが可能か、正統か、または「正しい」ことなのか、というのはここ一五〇年間日本を悩まし続けた。その近代化がもしうまくいかなかったのであれば、アイデンティティの不安はむしろ小さかったかもしれない。かなりの程度までうまくいっているからこそ、うまくいっているときはこれでよいのかという疑いが湧き、うまくいかなかったときはやっぱりそうなのかという不安にさいなまれる。

比喩的に言えば、「植民地的状況」にある社会に、類型的に起きることであるが、現地の優秀な子どもが、宗主国政府の援助によって教育を受け、宗主国の社会で、ある程度成功を収めているときのアイデンティティの不安である。たとえば、私が知るところでは、太平洋のメラネシア社会の子どもが白人に養われ、その生活スタイルを学び教育を受け、擬似的な白人として受け入れられて、生まれた社会の人々とは違った一段高いレベルに達して仕事をし、生活をしているときの不安である。そうした人物は常に、自分が生まれた社会からも育って仕事をしている社会からも、二重に疎外されている感を持っている。その不安感は、かえってバネとなって、エネルギーにもなりうるが、それは抱え込まれた持病のようにいつも痛む。たとえばオーストラリアのアボリジニの、白人社会に養取された子どもたち、「奪われた世代」と呼ばれる人々が思い出される。日本人も、明治以来「遅れたアジア」から脱して、一人、近代化に成功をし、いまやG7、サミットの一員として「擬似白人」の立場を得ている唯一の国である。しかし、日本が一九三三年、国際連盟から脱退したときの世界の孤児となった孤立感は常に思い出される。

こうした比喩はどこか残酷な響きを持つが、日本社会はある程度大きな社会である。その大きな「井」の中だけで生きることは個人的に可能であり、社会として、そのことを取り立てて大きな問題として常に感じていなくてもすむところがある。だから、自分自身をこのように残酷にとらえることを回避することは可能である。それくらいは十二分に「文明開化」に成功しているのである。しかし、この成功は常に不安に脅かされている。

危機と外国――「不安」が生まれる二つの要素

不安の生まれるきっかけは常に二つの要素からである。「危機」と「外国」。繰り返しになるが、危機は失敗と成功の双方から来る。まず失敗の方だが、政治的に孤立したとき、軍事的に敗北したとき、経済的に破綻《はたん》したとき、日本のあり方への不安が出てくる。しかし、その不安は、やり方、戦力がまずいのではないか、という現実的なレベルでの議論も導くが、同時に、自己アイデンティティへの疑問が湧く。そもそもそうした国際社会で、日本が他の国と交渉を持つこと、競争を行うこと自体が、競馬で言えば、ハンディ戦なのではないか。いや、そもそも欧米の支配する世界にほんとうに受け入れられて、そこで交渉し、競争することの資格が与えられているのか、と。

成功しているときには、現実的なレベルでは戦略はうまくいっているのであり、日本人、日本国に対して、疑いを持つことはなくなるはずだ。しかし、そうしたときにも「日本人論」は書かれる。その「日本人論」は不思議なことに、失敗のときに書かれる日本人論と同じく、ある種の「特殊論」が展開される。特殊だから失敗した、というのと同様に、特殊だから成功した、と。しかし、それを展開すればするほど、その成功は特殊なもので、「近代」の中では西洋近代の正統な後継者ではなく、よく言って「もう一つの」近代を代表するもの、との評価を自他共に下すことになり、アイデンティティは安定しない。そしてその成功のあと下落すると、そのときのやっぱり、というアイデンティティの不安はいっそう方向感のない、自己喪失を感じさせるものとなる。

まとめれば、「危機」といってもそれはたんに「失敗」を指すのではなく「成功」も同じ働きを持ち、その「危機」から生まれる「不安」とは失敗を克服するといった現実的な地平だけで議論されるのではなく、より深い日本人の近代という歴史状況の中の「正統性」を考えさせる方向に働く。

「外国」とは比較の対象である外国を意識したとき、ということである。近代という運動の中での危機は、経済、軍事の相対的な上昇や下降に関係しており、他の国との競争の中で測られることとなり、外国ということを意識することになる。日本人論、ことに力のこもった日本人論が書かれたときはいずれもそうした「外国」がとりわけ強く意識されたときに当たっている。

じつはこの「外国」という要素はもう一つ別のレベルで強く働く。それは、ある一人の日本人が日本人論を書くときは「外国」を強く意識したとき、という意味で、個人のレベルで働くのだ。日本人論の多くの書き手が、「外国」、多くの場合「留学」を一つの契機として執筆を行う。これは枚挙にいとまがない。雑駁《ざっぱく》に、日本人論とは、日本の知識人が外国に行って、ある種の壁にぶち当たったとき、自己のアイデンティティを安定させるために書くのだ、と言えるほどである。しかし、そこまでは分かっているので、この本の中では、それぞれのケースで、どのような「壁」に直面したのか、そして、その日本人論がどの方角に著者たち自身を導いたかを見ていきたいと思う。

最後に、外国人の書く「日本人論」について、ここに示した仮説がどのような意味を持つか、を述べておこう。じつは、日本が対外的に三つのモデルを試した、一六世紀末から一七世紀にかけて、日本に関する情報がある種の「日本人論」として書かれた。たとえばフロイスの『日本史』などの、主として宣教師たちの、布教活動の一環としての「日本理解」のことである。それらは、私の専門の学問である、文化人類学の先駆である、一九世紀から二〇世紀にかけての民族学者の記述と同様のもので、布教（もしくは植民活動）のための基礎資料という性格と、「純粋に」異なるものをつまびらかに知りたいという博物学的関心との二面を持つものである。どちらも、仮説の「不安が書かせる日本人論」というものに直接当たらない。しかし、西洋の枠組みの中で、日本人という「異なる」存在をどのように理解しようか、という視点においては、自分たちが西洋近代の中でどう説明のつく存在か、ということを書こうとする「日本人論」と一脈通じるものがあることを指摘しておきたい。

こうした外国人の書く「日本人論」は、幕末から明治にかけて日本を訪れた外国人によっても多く書かれた。いずれもいま挙げた二面から成り立つ、「民族学的資料」、「旅行記」である。しかし、その後、本書でも取り上げるいくつかの日本人論、たとえば、ルース・ベネディクトの『菊と刀』、エズラ・ヴォーゲルの『ジャパン アズ ナンバーワン』などは、戦国時代や幕末の日本に関する叙述とは違って、逆の意味での「近代の中の日本」への不安が書かせている。つまり、著者たちの西洋近代にとって日本が鬼っ子であるのかどうか、という不安である。本書では、そのうちの優れたいくつかを読むこととする。それもまた私の「日本人論」に関する仮説を検証するのに有力な資料となる。

注

(1) なおこのテキストでは、日本文化論、日本社会論、または日本論と呼んだ方が正確な場合も、同じような問題を扱っているという点から便宜のために「日本人論」と書くことがある。

第二章　「富国強兵」――日清・日露の高揚期

四冊の日本人論

日本人論を論じるには、その書かれた内容を見ることになる。しかし、本書は、個々の日本人論を議論するだけでなく、「日本人論」全体について、なぜ書かれ、なぜ読まれるのかを考えようとする。だから、内容として何が書かれてあるかだけでなく、それと同じ程度にその日本人論の成り立ち、いつ、誰が、誰に向かって書いたか、も重要な問題として考察する。

明治の、日清戦争（一八九四～九五）から日露戦争（一九〇四～〇五）までの約一〇年間は、「日本人論」隆盛の第一期といってよい。多くの著述家が、その二つの対外戦争という国家的事業に遭遇して、日本と日本人について書いた。そのものずばりの名を持つ雑誌『日本人』が、本章に出てくる志賀重昂《しがしげたか》を創立者の一人として一八八八年に創刊されたが、さらにそれは一八八九年創刊の新聞『日本』と合流して一九〇七年に『日本及日本人』となったことなど、この時期を象徴的に表しているといえよう。この時期の日本についての文章は、日本の国家的「危機」に対して、「外国」との比較において日本をとらえ、高揚する日本人の、国民意識に訴えかけるものであった。一八歳の、のちには時代と国家に対して懐疑的な文章を書いた石川啄木《いしかわたくぼく》ですら、一九〇四年、日露戦争が開始されると『岩手日報』に戦意高揚の「戦雲余録」の連載を始めているのだ。

その中でもこの章で取り上げる以下の四冊の本は、その初版または英文の原本がすべてこの時期に出され、当時のベストセラー、ロングセラーとなり、現在でも、日本人論の「古典」として評価が高く、未だに文庫で手に入るものばかりである。それらを発行年月日順に並べ、かつ、日清戦争と日露戦争の開始の年月日を挟み込めば、以下のようになる。

一八九四年八月一日　日清戦争宣戦布告（〜九五年四月一七日）
一八九四年一〇月二四日　志賀重昂《しがしげたか》『日本風景論』
一八九四年一一月二四日　内村鑑三《うちむらかんぞう》『代表的日本人』
一八九九年一二月　新渡戸稲造《にとべいなぞう》『武士道』
一九〇四年二月一〇日　日露戦争宣戦布告（〜〇五年九月五日）

一九〇六年五月　岡倉天心《おかくらてんしん》『茶の本』

この四冊の日本人論には、共通点が、それもかなり特徴的なものが見られる。その共通点が何かを明らかにすることが本章のポイントの一つである。しかし、同時に、そうした共通点にもかかわらず、それらの日本人論には、それぞれの著者の個性と相まって、目指すところの違いが、明瞭に現れている。その違いは、のちの日本人論にも見られるものである。この共通点と違いを論ずるために、まず、それぞれの著作の内容を見てみよう。

四冊の本はいずれも広く知られた本であるかのようだ。少なくともタイトルだけであれば。しかし、いずれもそのタイトルの与える印象と内容のあいだにはズレがある。その点にふれながら内容を簡略に記す。

志賀重昂の『日本風景論』の内容を要約すれば、地理学者が、日本列島の山河の地理学的特徴を、気候、海流、水蒸気、火山などを主な要素として解説し、日本の風景が欧米、中国と肩を並べるどころか、それらを凌駕《りようが》することを述べた文語体の著作である、となるだろう。こう書けば、学術書のようだが、じつの内容は、文化論から、登山技術の説明まで、放埓《ほうらつ》と言えるような広がりを見せて、全体から伝わるメッセージは一般向けの日本論となっている。それは当時、一九世紀の地理学というものは、たとえば地質学が自然科学として実証的な説明を行うのに対し、総合的な人文学であり、かつ、その学問に、ある国の社会や人間の性向まで推論させる傾向があったことによる。

内村鑑三の『代表的日本人』は西郷隆盛《さいごうたかもり》、上杉鷹山《うえすぎようざん》、二宮尊徳《にのみやそんとく》、中江藤樹《なかえとうじゅ》、日蓮上人《にちれんしょうにん》の生涯と事跡を、伝記風に書いたものである。それぞれの叙述は短く、表現は平明である。本書を手にとって、ぱらぱらとページをめくれば、知識人と目される人が、中・高生あたりの少年少女に向かって執筆を頼まれて書いた「偉人伝」の雰囲気が感じられる。しかし、なぜこの五人が選ばれ、一つの本の中にまとめられたのかを考え出すと、そして、選ばれたのはたんに偉大な人物ということではなく、この五人が日本人を「代表」するとして書かれたとなると、たとえば、少年・少女文庫「日本の五人の偉人たち」というおもむきとは違った主旨が浮かび上がってくる。

『武士道』はこの四冊の本の中でも、いまに最も有名な本かもしれない。新渡戸稲造は武士道を、日本人の「道徳体系」としてとらえ、その義《ぎ》、勇《ゆう》、仁《じん》、礼《れい》などの徳目とそれへの価値観、武士の生活と作法を解説して、日本理解のための書としている。この本は題名からしてあたかも復古主義者が書きそうな体裁となっている。しかし、本の構成と議論の立て方から見ると、主として騎士道と対比させながら、西洋との比較の上に武士道を論じ、一方、ヴェブレンの同じ一八九九年に出たばかりの『有閑階級の理論』にさっそく言及するなど、内容は一見する印象とは異なる。

最後の岡倉天心による『茶の本』は、同じ著者のほかの二冊、『東洋の理想』と『日本の覚醒《かくせい》』と並んで、文明論三部作と称されることがある。前二者がそれぞれ美術論、文化論とはいえど、激烈な言辞もふくむ政治的宣言ともいうべきメッセージをふくむのに、この本はタイトルからすると、文化的な香りのする本であるかのようだ。だから、古典の、読まずに判断される宿命の下では、この書は日本特有の茶の湯について書かれた書物ということになっている。しかし、目次だけでも一瞥《いちべつ》すれば、全七章のうち、二章はその題名（「道教と禅道」、「芸術鑑賞」）からしても、内容は「茶」とは直接の関係がなく、また、『茶の湯の本』ではなく『茶の本』という題名のつけ方からも分かるように、たとえば第二章の「茶の流派」も、その流派とは表千家、裏千家のことではなく、茶という植物が飲料として広まる過程の流れについて著しているものであり、この章の舞台は主として中国なのだ。

ざっとふれたように、これら四冊の本のタイトルが指すものは、武士道であれ、茶であれ、それぞれ日本に関する何事かであるが、本の内容は必ずしもそれに即したものではない。それぞれの著者は、志賀を除けばそうした対象についての専門家ですらない。つまり著者たちは、それぞれのトピックについての解説を施す以上のことを意図している。そうした意図を生んだについては、そのとき進行していた「日本」という物語が関係している。その物語が著者たちにこれらの本を書かせたのだ。その点が、これらの個別の内容を持った四冊の本を、私がこの時期の「日本人論」としてひとくくりにする理由である。

書いた四人

著者たちはすべて同じ世代に属する。いや同い年といってよいほど、狭い幅の時間の中に生まれている。

生年月日の早い順に挙げると、内村鑑三（一八六一年）、新渡戸稲造（一八六二年）、岡倉天心（一八六二年）、志賀重昂（一八六三年）となる。四人は一八六一年から六三年の三年間のあいだに生まれている。このことは彼らの幼少時の精神形成期に、国の激変があったことを考えると意味深いものがある。いずれもが、六歳前後に一八六七年の徳川政権の崩壊とその前後の戦乱を、見知ることとなった。特に横浜の商人の息子である岡倉以外は、いずれもが幕藩体制の瓦解と共に生活が激変した藩士の息子であった。

幼少における世界の大転換は、さまざまな影響を彼らにもたらしたであろう。明治維新という変化の根こそぎの強さ、それは近代の「進歩」というものが決して逆戻りをしたことがないことの歴史的な現れであるが、それは彼らの心理に深く刻印されたであろう。また、そうした個人の心の内部に踏み込まずとも、彼らを取り巻く外界から考えれば、四人とも、旧体制では武士であっても高い階層の出身ではなかったので、変化は彼らに大いなる「出世」の機会を与えたのでもあった。その機会を生かすべく、彼ら四人すべては英語を学び、高等教育機関に進んだ。英語が新しい時代の言葉、それまでの「漢籍」、中国語に代わるものであったのだ。彼らのうち、岡倉はいまの東京大学に入ったが、内村、新渡戸、志賀は、共に札幌農学校に学ぶのである。内村、新渡戸は一八七七年に、第二期の学生として一五、六歳で、志賀は一八八〇年に一六歳で、第四期の学生として入学する。

いま、「札幌農学校」という名前を聞くと、まるで、地方の（鉄道も通っていなかった）、農業というあまり華やかではない仕事に関する、教育機関としては格落ちの専門学校として響くであろう。それは全くの間違いである。当時は東京大学と並んで全国に二校しかない、学士の称号が得られる国立の高等教育機関であり、一期生は一六名、内村、新渡戸が入った第二期生も総勢で一七名の、文字通りエリート養成機関であった（人数には異説あり）。場所が札幌であること（その前身は一八七二年に東京に開設されたが七五年に移転）は、北海道という当時の日本の「植民地」に設置して、エリートたちを帝国主義の担い手とするためのことであったし、農業は、未だに産業革命以降もその人口比において圧倒的な農業人口を抱えていた当時の日本の根幹的な産業であり、また植民地を獲得した場合、必須の産業となるものであった。札幌農学校では、その農学の他に、地質学、測量学、土木工学などの、植民・開拓に必要な学問を教えていた。また、札幌農学校では、教師たちは初代の校長である有名なクラーク博士を始めとして外国人であり、教育はすべて英語で行われた。その教授法もディベートを取り入れたもので、英語で討論が行われた。すなわちその地理的環境かららいっても、その使用言語からしても、札幌農学校は、「外国」であった。

こうした学校に、士族出身の彼らは、これからは「学歴エリート」の時代である、との本人と周囲の認識のもと入学したのである。いや、この「外国」に国内留学した、といってもよい。彼らの英語はこうした環境で若年時に鍛えられた英語である。その英語は彼らの仕事を助け、彼らは「国際人」となるのだ。

しかし、彼らに与えた影響の大きさでは、この英語に並ぶものがもう一つある。それはキリスト教である。農学校の教授たちはクラーク博士を始めとして、敬虔《けいけん》なキリスト教徒が多かった。彼らの影響を全人的に受けた若い学生たちの中には、受洗をし、キリスト教徒になるものがいた。内村と新渡戸は、農学校二期生の俊英中の俊英であったが、第一期の学生の幾人かと共にキリスト者となり、のちに「札幌バンド」と呼ばれるグループを作り、終生キリスト者として活動を行った。とりわけ、内村は宗教指導者として日本の思想界に大きな影響を与えることとなる。また、新渡戸がキリスト者であったことも、そのプロテスタントの持つ新天地を求める理想主義的な面で、のちに東京帝大で初代の植民政策の教授となること、また、第一次世界大戦後の国際連盟の事務局次長を務めたことなどに、直接結びつくのであった。

もう一人の札幌農学校の出身者、志賀重昂は、逆に、キリスト教には反感を持っていたようだ。その理由としては彼が英語を学んだのは、海軍と関係の深い攻玉社という学校で、そこでは西洋の学問と共に、「皇漢学つまり日本の歴史と漢学も重視」（大室　二〇〇三　二二八頁）していたことがあろう。そして、彼が農学校に入ったのは創立時のクラーク博士の圧倒的な影響の薄れてきた第四期であり、第一期、第二期の学生たちの「札幌バンド」に見られる、秘密結社的なキリスト教徒グループへの反発もあったと考えられる。

ここでは、これ以上、この多彩で広範な活動をした四人の叙述に深入りすることは避けるが、いずれにも関係する「植民」ということについてだけ少しふれる。いまでこそ、「植民地主義」といえば、一九世紀から二〇世紀にかけてその時期の主要国が犯した「悪」として語られるのが常識だが、少なくとも当時において、それはあるプラスの「価値」を持ったものとして考えられていた。すなわち、植民・開拓とは若者が一生をかけるにふさわしい事業として語られていた。いま、それはやはり「開発・援助」という名に変わって、若者を引きつけている、といえば分かりやすいだろうか。その欧米における「植民・開拓」の考えには、キリスト教の、全人類への「布教」という精神が核となっていることは疑いがない。札幌農学校で、内村、新渡戸の二人がキリスト者となったのは、たまたま教授陣が個人的にキリスト教徒であった、ということだけではなく、農学校での、北海道開拓からのちの日本の植民地主義によるる、台湾、満州の開拓までを見据えた教育の、バックボーンとして、「キリスト教」があったことが大きい。たとえば、こうした系譜は、新渡戸の後、東京帝大で植民政策を講じた矢内原忠雄《やないはらただお》がキリスト教徒であったことにもつながる。

最後の一人、岡倉天心は、札幌農学校には行かなかった。しかし、彼は、横浜という環境で、七歳の頃から英語を学び始め、若くして東京外国語学校（のち東京英語学校）に入学し英語を学んだ。のちに一五歳（！）で入学した東京大学文学部は、まだ「お雇い外国人」が外国語で授業を行う教育機関であった。彼の英語の力もまた非常に高く、のちに国際的な文化人として欧米、アジアと広い活動の範囲を持つことができた。興味深いことに、この岡倉が学んだ東京外国語学校には、札幌農学校に学ぶ以前の内村、新渡戸も在籍していた。

このように同じ時代の、類似した教育機関で育てられた明治の文化エリートであるこの四人は、個人として、その当時の「日本」という物語の体現者であった。彼らより一、二世代前の明治維新の指導者たちが、西洋文化の試験管の中で純粋培養して作り出したこれら新しいエリートに課したのは、急速に欧米の近代に追いつくこと、そして、植民地主義の競争に勝ち抜くこと、であった。この四人はそれを受けて、札幌農学校、そして東京大学（新渡戸は札幌農学校ののちに東京大学でも学んだ）を卒業した後、この課題を持って、四人全員が外国に出かけるのである。内村は米国アマースト大学に、新渡戸は米国のジョンズ・ホプキンス大、次いで、ドイツのハレ大学に留学した。岡倉は二四歳のときにフェノロサと共に、欧米の美術視察に行き、一年間滞在する。いずれも近代化の先兵としての外国行きである。彼らが非常に高い英語力を持っていたこと、西洋的なるものに若くから慣れ親しんでいたこと、そして、留学、洋行の開始時にまだ二十代前半という順応性のある年代であったことは、いずれも彼らの外国行きに良好な条件として働いた。実際に彼らは外国で、彼らの能力を生かせる仕事をすることができた。

こうした「外国」体験が日本の知識人にいかなる影響を与えるか、ということは、重要視されるべき点である。ことにどのように受け入れられたかは、彼らの外国観、より狭くは、「日本」が外国にどのように受け入れられるのかという判断に大きな影響を与える。三十半ばにして気に染まない留学をさせられ、「ノイローゼ」になった夏目《なつめ》漱石《そうせき》の留学体験はあまりに有名であるが、それは漱石自身がそのことにふれるからであって、実際は、現在に至るまで語られないさまざまな、主として「つらい」体験があることは、私自身の留学経験からも見聞きして知っている。しかし、この三人の外国体験はいろいろな意味で「成功」であった。彼らの西洋体験はポジティブなものであった。留学の、生活もふくめた成功を左右するのは、その地の人々との関係を持ちうるか否かに大きくかかっている。人間の他者との関係は言葉とからだによる。彼らが欧米の社会に受け入れられたのは、その外国語の力によるところが大きい。また、それがあれば、西洋人との親しいつき合い、恋愛も可能となる。個人的に新渡戸はアメリカ人と結婚をし、岡倉は、その後アメリカのボストンの美術館で職に就き、ボストンの文化人のサークルで、女性たちにも人気を博した。こうしたことの裏には、東洋の小国であることから来るさまざまな「つらい」体験があったが、その小国が彼らの活動が活発になる時期に隆盛となっていったことは彼らの対外観、ひいては日本人観を、ポジティブなものにするのに大いに援《たす》けとなった。

志賀の場合は少し異なる。彼は、のちに、政界と官界である程度の地位を占め、さまざまな機会をとらえ幾度も世界を周遊するのであるが、その手始めは、一八八六年、二三歳のとき海軍の練習船「筑波」に乗り、南洋諸島を回ったことであった。ここで、志賀の最初の外国行きが他の三人と違い欧米でなく、太平洋の島々と、ハワイ、オーストラリア、ニュージーランドであったこと、そこで太平洋の植民地的状況を見たことに注意を喚起しておきたい。それが他の三人とどのような「違い」を生むかは次に述べる。

『日本風景論』

このような経歴を経て、当時の「若い日本」では働き盛りである三十代を迎えた四人が、一八九四年から一九〇六年にかけて、四冊の書物を著した。それらがいつ、誰に向かって、どのように書かれたかを見ていこう。まず、一八九四年に二冊の本が出る。志賀重昂の『日本風景論』と内村鑑三の『代表的日本人』である。

志賀の『日本風景論』が書かれたのは、日清戦争直前であった。日清戦争の開始に触発されて書かれたのではなく、日清戦争へと進む時代の空気を予《あらかじ》め読み取って、本の中に表現した。すなわち、彼が中心となって発刊した国家主義的な雑誌、『日本人』の論調の流れに連なるかたちで、日本の風景が世界に誇れるものであることを日本国民に向かって主張した。そして、発行はちょうど日清戦争のさなか、それも勝《か》ち戦《いくさ》の高揚した気分のときであったから、売れた。

まさに時と人を得たベストセラー、ロングセラーであった。しかし、日清戦争のさなか日本国民に向けて出版された、と書いたが、「読者」はそれだけではなかったようにも読める。もちろんこの漢文調の文章からして——私の素養では「闊達《かったつ》」なのかどうかまでは判断できないが——当時の本好きには心地よく読めたのであろうとは想像できる。また、その内容からも、時には気ままにあちこち話が飛び、あまり有用とも言えない登山技術の紹介まで詰め込んであるが、それまでもが日本の読書人層にはエンタテインメントとなる、まさに内向きの、国内の読者に対してのものであった。

しかし、著者のそうした派手な身振りの中に、日本の読書界の書き手と読み手のドラマ自体の外側にいる「外国人」への意識が感じられる。この場合外国とは、志賀が日本の風景を比較している欧米のみならず、古来、書画においてその景観との関係で日本の風景が価値づけられる、本家の中国である。

『日本風景論』は一方で、日本の風景が世界に類のないものだということを繰り返し述べるのだが、一方で、その類のなさを主張するのに、欧米人からの評価を最後の拠り所にしているような所がある。たとえば、日本の風景にある「水蒸気」が作り出す風景のうち、「欧米人のその国にありて看る能はざる所」としてそれを列挙する（八三—八四頁）、といったふうに。また、日本の風景にこれまで気がつかなかったこと、火山列島であるがゆえに、地表が収縮して、さまざまな景観を作り出している、との説明も、朝鮮と中国にはそれがない、と隣国を比較に持ってくる。こうした比較は、日本の景観を、世界の中のある一つの例として、相対的に位置づけるためではなく、アジアの隣国より優れていて、欧米の景観と肩を並べるものだ、ということを言うためのものである。このとき、欧米より優れているとの主張ではなく、それと肩を並べるものだと主張している、と私が解釈するのにはわけがある。

前出の大室幹雄の著作『志賀重昂「日本風景論」精読』（二〇〇三）では、志賀は『日本風景論』執筆のときには、日本の風景を西洋の風景になぞらえることを否定していたのだが、のちには木曾川《きそがわ》をドイツのライン川になぞらえて日本ラインなどと呼んで得意になっている、とある。それには同意するが、私にはすでに『日本風景論』の文章の裏には、アジアの諸国の景観と比べるときと、欧米のそれとを比べるときとでは、すでに差をつけているように思える。たとえば、日本には活火山があって、それは中国、朝鮮にも、イギリスにもない、「造化がその大工の極を日本に鍾《あつ》めたり」（一七五頁）と高らかに書いたその後で、イギリスにある玄武岩が作り出す奇観は、日本にはないようで、じつはあるのに気がつかないだけだ、と記す。これもまた「日本が一番」という埒《らち》もない主張の繰り返しのようでいてそうではなく、「日本も同じ」で補正されている。

この違いは大きい。つまり、日本の風景の「独自」な点を他の東アジアの国と比べる際は、それらよりは優れていると主張しながら、西洋との比較においては、その「独自性」をあまりに主張しすぎては西洋近代からは離れた存在となってしまうことを無意識に感じ取って、「日本も同じ」を挟み込んでいるのだ。その場合も「西洋」に関しては、先に述べた火山列島であることを誇る際には火山のあるイタリア、アメリカなどはいったん無視をし、後になって、じつは欧米の文明の淵源《えんげん》であるローマ文明は火山岩の上に建ったのだ（一九〇頁）、という詐術に近い、場当たり的な比較を行いながら。

ここには、日清、日露戦争を行い、躍進する日本のアイデンティティの確立を図るために、アジアからは一頭地を抜いたものとして、西洋近代文明とはそれに肩を並べるものとして日本を描こうとする意図が見られる。日本の成功の理由を、アジア（中国・朝鮮）ではなく、ヨーロッパ（ローマ文明）と同じであることによって説明をし、西洋の歴史に属していなかった日本の成功の理由を、「歴史」とは異なる、ある意味で、より揺るがない条件である「地理・地質」に求めているのだ。しかし、志賀本来の国粋的な主張では、日本の独自性を喪失することはアイデンティティの不安につながらざるを得ないために、のちに同盟を結ぶ、当時日本が接近しつつあった英国との景観上の対比では、日本が英国と同等の点を挙げながらも、それよりすぐれている点も挙げて、日本の独自性のアイデンティティを確保しようとしているのである。

こうした、日本を外国からの独自性とそれとの類似性のあいだで揺れながらとらえようとする屈折には、すでに述べた彼の最初の外国行が強い影響を与えていたであろう。この著作を書くときまで、彼の見た外国は南洋諸島とオーストラリア、ニュージーランドであり、欧米はまだ目にしていなかった。すなわち、植民地主義の世界の中での、宗主国の隆盛ではなく、支配されている植民地の状況の方を見たのであった。

その後、すでに日本が上昇を果たした一九一〇年に欧米外遊におもむき、のんきに木曾川をラインに、信州の湖をスイスのそれに比べるようになったことについては前述の大室の論（二〇〇三）に詳しいが、この『日本風景論』を書く時点での、植民地の状況を見てしまった彼個人にとって「日本人論」が必要であった理由は、植民地化される状況を脱しようとしていた日本が「日本人論」を必要としていた理由と重なるのである。

『代表的日本人』

次に扱う、同じく一八九四年に書かれた内村鑑三の著作は、じつは英文で *Japan and the Japanese*（邦訳は『日本及び日本人』）と題されたもので、『代表的日本人』は一九〇八年に、この初版からいくらかの部分を抜き取り、訂正を加え、*Representative Men of Japan* と題した改訂版である。

内村の初版は、日清戦争開戦前夜に書き始められ、その戦争が進行すると共に、その戦争が義戦であることを述べ（初版の中ではこの戦争を Corean war と呼び Justification of the Corean War という章を立てている）、朝鮮への出兵を主張した西郷隆盛をその書で取り上げる偉人たちの一人に加えるという、戦争擁護の立場に立ったものであった。この時期、内村は、前述の志賀の『日本風景論』の批評をしているが、その文は全体として批評の矛を半ば納めて、進行しつつある日清戦争の行方を共に見る、という立場をとっている。しかし、その後内村は、日清戦争が終結する頃にはすでに、この戦争と、戦争一般に対して疑義を呈し、日露戦争のときには有力な非戦論者として論陣を張った。

そうしたことを頭に入れた上で、この本を見ていくと、誰に向かっていかに書かれたかが重要となる。この初版はまず英語で書かれている。それは必ずしも日本の読者を想定していないのではない。英語をそのまま読む日本人読者、というのも想定されていたはずであるし、また、本書がすぐに、日本語訳されることも、予め考えられていた。しかし、一八九四年の時点で、日本の読者にわざわざ西郷隆盛、二宮尊徳を解説し、進行しつつある戦争を正当化しようとする必要はなかった。書かれた意図は日本の擁護と称揚であり、読者としてのターゲットは「外国」であった。

その意図は、改訂版になっても変わらない。擁護する対象が日本の戦争ではなく、日本という歴史的な存在自体であり、その議論が行われるレベルが国際社会ではなく、人類的、思想的、キリスト教的な次元に明確化されたが、擁護と称揚は変わらない。ただ、ここにある内村のキリスト者としての個性と、明治のこの時期におけるキリスト教が、特に知的な若者たちに持っていた意味の大きさを現在では理解することが難しいのではあるが。

キリスト者として日本人として、「二つのJ」、すなわちJesusとJapanを愛した内村の「愛国心」を解き明かすのはこの章の目的ではないが、初版から改訂版への変化の中で、戦争擁護の文章は取り去っても代表的日本人五人については何の入れ替えもしなかったことは、内村の当初からの重要な意図が変わっていないことを示す。それは、日本人でありながらキリスト者であることの問題の克服である。本書の論に引きつけていえば、日本人がキリスト者であることのアイデンティティの不安をどのように乗り越えるか、ということである。五人の代表的日本人たちは、たんなる「偉人」として選ばれたのではなく、その生涯と事跡と思想が、「キリスト者」としてもふさわしい者たちである、という点で選択されている。西郷の「敬天愛人《けいてんあいじん》」という行動指針、その利己心のなさ、清貧……と挙げて、内村は西郷を、キリスト教的「ピューリタニズムがない」けれどもある種の「ピューリタン」として、クロムウェルに比定している。同様に、上杉鷹山は、キリスト教の恩沢に浴していなかった時代にも「天の王国」をこの世にもたらそうと努力した「勇士」として、また中江藤樹の存在は、西洋のキリスト教が日本を救済する前にも、「教育」ということはあったことを示す証左として描かれる。日蓮も二宮尊徳も、キリスト教のコンテクストで、キリスト教以前にも、キリスト教的価値観において高く評価しうる人々がいたことを示す日本人として紹介されるのだ。

このことは何よりも、日本人もキリスト者になる資格を、明治維新前から持っていた、ということの主張である。歴史的存在としては西洋文明に属してはいないが、近代という時代の中で、西洋と同じ活動を行うことが可能であるし、そうする資格があるということを、内村のキリスト者としての立場から根拠づけたものである。この論旨は近代における国民的アイデンティティの不安を取り除こうとする議論と論調は同じであり、その効果はたんに「キリスト教」にとどまらず、西洋近代全般に対する日本及び日本人への処方箋《しょほうせん》となっているのだ。

『武士道』

新渡戸稲造の『武士道』も誰に向かってどのように書かれたかという点で、内村の著作と似た要素、似た構造を持つ。まず、英文で書かれ、一八九九年アメリカで出版された。翌年翻訳され日本でも出版されたが、主たる読者は欧米人である。内容は、日本の独自性を表す武士道の解説であり、その意図は、武士道の中に欧米の文化、ことにキリスト教的道徳に通じるものがあることを論じ、日本が欧米各国と比肩するような国家であることを認識させようとするものである。内村が『代表的日本人』を著述したときに使った資料は、鈴木範久の解説（内村　一九九七）によれば「いずれも当時容易に入手でき、しかも通俗的で、少年読み物の類いまである」（二〇一頁）という。新渡戸の『武士道』に使われた資料も、彼が元来読み、聞き知っていたもの以上のものではなかった。新渡戸が広範囲の知識の持ち主であったことは疑いないが、この著作のために、改めて武士道について資料を求めるようなことはしていない。むしろ比較の対象とした西洋の文化に関しての著作が、出典として多く挙げられているのは興味深い。そして、切腹の実例（堺事件からのものであるが）の描写を、日本語の資料ではなく欧米人の著作から引いて挙げていることは示唆的である。新渡戸は、武士道について、その内容をほとんど知らない欧米の読者に向かって、むしろ欧米の事象についての誤りを犯すことを怖れ、また、著述が復古的、日本特殊的になることを避けるために、すでに述べたようにヴェブレン、ヘーゲル等の著作を参照することで、当時の「現代的」視点から、一般的に論じうるテーマであることを受け入れさせようとしたのだ。

もちろん、この「一般的」とは、西洋文明のコンテクストにおける一般性であり、全編を通じて、内村の「代表的日本人」たちが、未だキリストを知らなかったという一点においてのみキリスト者として欠けるところがあった、という論調と同様に、武士道も高い文明の持つ道徳体系として、西洋のそれと比肩するものであるが、さらに高い次元を望むとしたら、そこには「キリスト教」の「愛」（一四五頁）があるべきである。つまり、武士道はそうしたことに「正当なる重さを置くを忘れた」（一四五頁）とする。つまり、限りなくキリスト教、西洋文明の高みに近づいているが、完全にそれと同じではない。しかしながら、そのレベルを日本人は保持してきたがゆえに、そのキリスト教・西洋文明の次元にまで上昇しうる人々なのだ、とする。

ある観点からすれば、未だに名著とされているこの書のご都合主義、あるいはすべてをキリスト教に還元する議論に、しらけてしまってもおかしくない。しかし、ここで問題としているのは、現在でもその議論が通用するかの当否ではなく、この書がいかに日本人論として書かれたか、という点である。それについては、新渡戸は明らかに、キリスト者として、また、国際的知識人として、日本の非西洋社会としての独自性と西洋文明の中での一般性という二つの相反する要素を、いかに一つのアイデンティティにまとめ上げるかに苦心しているのだ。そして、未だに、どのような仕方ではあれ、人々が『武士道』を再読し、引用し、時にはそれを原典として自分の『武士道』を書こう（李　二〇〇三）とするのは、そこにある相容れない二つのあいだに架橋しようとする、素朴ではあるが未だに課題として残ることがらに、この時期に真摯《しんし》に取り組んだことに共鳴を覚えるからに他ならない。

『茶の本』

最後の一書、『茶の本』は、「西洋」に対しての「東洋」の主張である。ある意味で架橋ではない。独自性の対抗的主張である。文明論三部作と呼ばれる他の二冊、『東洋の理想』と『日本の覚醒』では、より強いトーンで、西洋に対する抵抗が唱えられる。しかし、三冊共に、西洋の否定ではない。西洋の価値を認めた上でそれに対抗する、東洋と日本の強い肯定と考えるべきだ。東洋と日本に覚醒をうながして、自分自身の再評価を行い、それをポジティブなものとしてとらえ直すことの必要性、緊急性を唱えている。だから、考えられている読者というものも、他の三書とは異なることになる。

同じように日本を強く肯定する『日本風景論』が、日本人読者を第一義的に考えて漢文調の散文で書かれたのに対し、『茶の本』は岡倉の他の二冊と同様に英語で書かれ、読者は英語を読む外国人が想定された。しかし、それならば、読者としては『代表的日本人』と同じく、英語国民、及び英語を読む日本人が想定されたのか、というとそれとも異なる。その違いの一つは、『代表的日本人』の初版が英語で書かれながらも、出版社は東京の警醒社《けいせいしゃ》書店であったのに対し、『茶の本』はニューヨークのフォックス・ダフィールド社から出版されたことに表れている。ターゲットは、内村のそれよりもさらに外国人に向けられていたのだ。そして、さらに重要な違いは、『東洋の理想』が圧制のもとに独立運動を行っていたインド人に呼びかけていたように、岡倉の頭の中では、この本が読者として考えている「外国人」には欧米人のみならず、植民地主義の下にあったアジア人などの非・欧米人の英語を読む知識人も含まれていたはずだ。このことは、他の三人の著者との違いとして明記したい。

それゆえに、すでに述べたように、第二章「茶の流派」では、茶が中国から発して、その伝統を日本が受け継いだこと、第三章の「道教と禅道」では、中国の道教の思想、インドから発して中国、日本と伝えられた禅の流れを解説し、「汎《はん》アジア的」な文化圏が考えられている。そのとき、日本論はアジア論に拡大されて、日本が西洋に対抗する物語はアジアの物語の中で成立するのだ、との主張につながる。しかし、これは岡倉のその後の思想的な歩み全体から『茶の本』を振り返って見ていることになるのかもしれない。ただ、この本が他の三人の著者たちの三書との共通点を多く持ちながら、すでに歩み出そうとする方向が違うことは明らかである。

最後に、『茶の本』の細部にふれたい。岡倉は言う、「西洋人は、日本が平和のおだやかな技芸に耽っていたとき、野蛮国とみなしていたものである。だが、日本が満州の戦場で大殺戮《だいさつりく》（wholesale slaughter on Manchurian battlefields）を犯しはじめて以来、文明国と呼んでいる」（一五頁）。これに続けて、「近ごろ、『サムライの掟《おきて》』――わが兵士が勇躍して身命を捨てる『死の術』についての多くの論評を聞くけれども、茶道についてはほとんど注意が惹《ひ》かれていない。茶道こそ、わが『生の術』を大いに表わしているのである」（一五頁）。前段は皮肉ではなく、慨嘆である。何はともあれ、日本が評価されていることはひとまず良しとする、という態度ではない。日本の戦争が、西洋によって新たな帝国主義国家の誕生と、その体制の強化として評価されているのであれば、それは岡倉の考えるアジアの解放がさらに遠のくということを意味している。そのことに対する痛烈な批判である。また、後段が参照しているのは、その当時、日露戦争に来ていた欧米の従軍記者、観戦武官たちが書いていた日本の軍人への賞賛の文章だけではなく、新渡戸の『武士道』も入っているのではないか。その出版への批判と、私は読む。

共通点と相違点、そして仮説の検証

ここで、これまでの論点をまとめると、(1) 誰が、(2) いつ、(3) 誰に向かって、(4) どのように書いたのか、という点で多くの共通点があることが分かる。(1) 同じような育ちと教育を受けたエリートたちが、(2) 二つの戦争に勝利を収めた日本の隆盛の時期に、(3) 直接に間接に「外国」をその読者として意識しながら、(4) 外国との比較の中で、四書のうち三書は英語で書かれた。その内容においても、風景であれ、生き方であれ、道徳体系であれ、文化であれ、日本の特殊性を述べながら、それらが近代という時代と、その世界の中で一般性を持ち、それゆえあるときは、特殊であるからではなく一般的な比較において西洋よりぬきんでている、また肩を並べるものだという、ポジティブに日本を欧米の先進国に対抗させている構図は、すべてに共通する。

しかしまた、四人の個性と相まって、相違点も目につく。すでに述べたことだが、再び取り上げると、英語で書かれた三作品と、漢文調の文語で書かれた『日本風景論』のあいだには、前者の日本を相対的に西洋文明の中に位置づけようとする姿勢と、後者の日本の特殊性を絶対的な価値として主張しようとする強引さ——引用すれば笑ってしまうような箇所も少なくない——とで際立った違いがある。しかし、それもまたさらに読み込むと、前者にも、日本をポジティブに評価するあまり、すべては明治維新以前にすでに日本に存在したかのような無理な主張も見出されるし、後者の志賀も、日本を空威張りしているのかと思うと微妙に「外国」の視点を気にしていることはすでに指摘した。ここでは相違点と共通点、日本の「特殊性」を一般性の中に見るか、それとも独自なものととらえるかは、強調の違いでしかないと分かる。また「特殊性」に関しても、それがほんとうに特殊であるのかの検証は四人とも熱心ではない。ひとえに彼らが知っている「欧米」との狭い比較の上での違いを特殊と感じているのだ。しかし、本書では、彼ら自身が外国との接触の体験の中で、それを特殊と感じざるを得なかった、ということを前提に、それに対して彼らがどのように日本と日本人のアイデンティティをとらえようとしたか、を問題としているのだ。

このことを「キリスト教」という要素において見てみると、キリスト教的な視点から日本の過去の文明を評価できるものとする内村、新渡戸の議論は、札幌バンドのメンバーであるキリスト者の立場の直接の現れであり、岡倉、志賀がその点に関しては、非・西洋の視点から日本の文化と風景を考察しようとするのとは対照的である。しかし、「非・西洋」の視点がそもそもどのように取れるのか、が難問である。「非・西洋」の視点を取ったというより、岡倉は「アジアは一つ」との理念を語ったのであって、それは願望である。志賀は、日本の風景を地質学を借用して客観的、実証的に語っているように見せかけ、他方で「美的判断」を滑り込ませながら、独立した日本的な価値の軸を作ろうとしているのだが、それはロジックというよりはレトリックに終始している。いずれの著作も安定した日本のアイデンティティを導くものではない。

誰に向かって書かれたか、ということについても、英語か日本語か、という点から始まり、さまざまな相違するかたちが見られる。英語で書かれた三作のあいだにも、欧米の出版界での反響を主として期待していた『武士道』と『茶の本』と、そして『代表的日本人』のように、日本人で英語を読む読書人をも最初から視野に入れたものとの違いがある。またこの著者たちは、英語で出版された三冊のいずれも、早いと遅いの違いはあれ、いずれ日本語で出版されることを考えていたはずなので、たんに「英文出版」とは言えない。志賀だけは漢文調で、日本の多くの読者に受け入れられる読みごたえのある文章を書いた。しかし、志賀にしても、その後に世界周遊を何度もするような「国際派」でありながら、漢文で読ませる文章を書いた、ということには留意したい。つまり、彼がその本の中で引用するものは和、漢の文学であったりするが、基礎となっているのは西洋の学問なのである。このようにして、四人の著者たちは、本の著述の方式の点ではこれだけの相違、バラエティを見せているが、それは、いずれもが明治初期のエリートとして、和、漢、洋の言葉の能力を備えていたという共通点に根ざしていたのである。

日本人論に関する、第一章で挙げた仮説をあてはめて考えると、この四冊の書物は、日本のアイデンティティの、二つの不安が転換する時期に書かれている。すなわち、日本に対する欧米の評価の低さから来る近代の中のアイデンティティの不安を払《ふっ》拭《しょく》しようとして書かれ、また、同時に進行していた戦争の勝利によって、評価が上がったことから来るアイデンティティの不安を、自らの高さを正当化することで乗り越えようとして書かれた。時期的にいえば、低いがゆえの不安に対し、『日本風景論』と『代表的日本人』は書かれ、高いがゆえの不安に『武士道』と『茶の本』は書かれたとなる。しかし、前二冊は、それが再版を重ねるうちに、「高い」ことへの説明に変わり、後者のうち、『茶の本』はすでに、高さの説明ではなく、アジアの中で日本のみが高いことの問題点を指摘し、その正当化よりも、そのことへ警鐘を鳴らしていると読めるものに変わっていった。それは著者の意図のみならず、その本をめぐる日本社会の歴史的なコンテクストが変化したことによってであった。

四書の特徴を一言でいえば、ポジティブな日本評価であり、その筆調の高らかさである。それは著者たちが、その時代を体現するようなエリートであったことが大きい。のちに論じることになるが、こうした「明治」を、司馬遼太郎《しばりようたろう》を始めとして多くの人が「明るい」というのだが、それはひとえに、日本という物語で、主人公が最初の成功を収めた幸運な時期であることによる。そしてその幸運には、自らのアイデンティティの矛盾にまだ「完全には」気がついていない、また、それを悩むだけの時間とエネルギーの余裕がない、こともふくまれている。ただ『茶の本』にはすでに、その問題の大きさと角度に気がつき、やや陰鬱《いんうつ》になっている岡倉の心が投影されている。この「暗さ」は、次章で論じることとなるこののちの日本人論の特徴となって表れる。

第三章　「近代の孤児」——昭和のだらだら坂

その後の四人

第二章で扱った四冊の日本人論のあと、いまでも読まれ続けている日本人論が次々とそのあとに続いたかというと、そうではない。当の四人もそれぞれ違う道を歩み、その仕事の中で彼ら一人一人の「日本」はその姿を変えていく。

岡倉天心《おかくらてんしん》はもとから、「日本」という枠ではなく、より大きなアジア、「東洋」という枠組みで考える思想家である。そのアジアにどれほどの実体を想定し得たのか、そもそも「アジア」はひとくくりにできるのか、といった点において、現在の時点から批判することはたやすいが、アジアを西洋人から見たその他大勢といった残余のカテゴリーとしてではなく、西洋に対抗する「主体的」運動体としてとらえようとしたことは画期的であった。「アジアは一つ」は、その後の、この章で扱う日本人論にも、関係してくる。

内村《うちむら》は、『代表的日本人』の初版 *Japan and the Japanese*（『日本及び日本人』）

を激しく自己批判し、ことにそのうちの日清戦争を正当化した部分を削除し、訂正を加えて *Representative Men of Japan*（『代表的日本人』）とした。しかし、すでに述べたが、たとえば西郷隆盛《さいごうたかもり》の章の中には、日本の「東アジアの征服」は、「当時の世界情勢をみて必然的に生じたもの」であり、朝鮮侵略には「『列強』に対抗するため」の領土拡張と、日本が「東アジアの指導者であるという一大使命感」（二八―二九頁）との二つの根拠があった、という部分がそのまま残っているように、書き手としての態度は変わっていない。このことは、この第三章でふれることになる、日本が「外国」に対してどのような立場をとるのか、という点に関わってくる。しかし、内村鑑三《かんぞう》自身は、こうした自らの主張に関心を失ったのか、無視したのか、超越したのか、こののちは宗教、神学的な考えから「世界の市民」といった考えに進む。この考え方はもはや社会的レベルから離脱してしまっているので、これ以上ふれない。ただ「離脱」してしまったことに留意し、のちにこのことにわずかにふれる。

新渡戸《にとべ》稲造《いなぞう》は、一九二〇年から国際連盟の事務局次長を務める。彼はこうした国際的な仕事に向かうと共に、他方で日本の現実の社会に即して考え直そうと、「郷土会」という研究グループを組織する。この郷土とは、中央に対する地方（新渡戸は「じかた」と読んで「地方学」を提唱）、日本の「原郷」といってよい。若き日の柳田《やなぎた》国男《くにお》はこの会の幹事役となった。そして柳田は次第に、その著作全体が日本論といってもよい仕事に進むのであるが、この会を通じて新渡戸と交流を深め、こうした縁もあって、国際連盟の日本の委員としてジュネーブにおもむく。しかし、この新渡戸から、前章で述べた矢内原忠雄《やないはらただお》には連続線が引けても、柳田とは切れている。断絶というより、線が消滅してしまうのだ。このことはこの後すぐに述べる。

志賀《しが》のその後は、大室の本（二〇〇三）に詳しいが、著述家としての彼はこの日本人論の域を離れていくので、これ以上は追いかけない。しかし、この「地理学的日本人論」はその後、いくつかの子孫を生むのだ。この章に出てくる和辻哲郎《わつじてつろう》の『風土』、そしてさらにのちの、梅棹忠夫《うめさおただお》による『文明の生態史観』（一九六七）など。

ここでは、大室の本にある、日露戦争以降の日本の対外的態度を暗示させるような志賀のエピソードについて述べておく。彼は、後半生、世界を旅行して回るのだが、一九一〇年、日露戦争勝利と日英同盟によって日本の地位が固められつつある時期にヨーロッパを旅行して、日本人として、または日本人であるがゆえに、大事に遇《お》されることに感じ入り、こう述べている。「『是れは皆な戦勝即ち腕力、即ち腕ヅクの御蔭《かげ》である。世に大勢に順《したが》ふべしなど〻云ふ者あれども、腕ヅクは大勢を製造するものなり、腕ヅクなる哉《かな》、腕ヅクなる哉』、『予は腕ヅクの御蔭の下に、かく夜半近くまで欧羅大陸を横行濶歩し得つゝあるなり』」(三一二―三一三頁)と記す。あまりに調子の外れた文章だが、この「俗物的筆調」はおそらく本人も確信犯的に用いているのである。

こうした外国における日本人旅行者の「高揚感」は、何を自分(日本人)の身に期待するかによって決まるものである。本人が劣等コンプレックスを持たされることになるのでは、と怖れていればいるほど、それに反して厚遇されたとき、痛快さが増すであろう。こうした旅先の感情は、高揚感と、逆の蹉跌《さてつ》、どちらに振れても振幅が大きい。思い出すのは、唐突であるが、戦後ヨーロッパを訪問した中国文学の泰斗、吉《よし》川幸次郎《かわこうじろう》が、旅先のイタリアで冷淡な待遇を受け、そのときのことを悲憤慷慨《ひふんこうがい》して書いている文章(吉川　一九七六　一七六―一七八頁)である。そこでは、中国を旅することは多いがヨーロッパは初めての吉川が、ある種の感情的なコンプレックスに陥った様子を、あの冷静に思える碩学《せきがく》にしてという驚きとともに、読むことができる。そして、こうした旅先の感情、それは日本が明治以来、近代の中で一人、孤独の旅をしていたから、とも比喩的に言えるのだ。その感覚を核として書かれたのが、この章で扱う横光利一《よこみつりいち》の『旅愁』である。志賀の場合は、そうしたものをまったく感じないかのように(ただし、人は自分の劣等意識の表明を避けるので、内実は分からない）、大室の言う「楽しい名士」（二七一頁）として、昭和の初めまで生きる。

こうして、日清・日露戦争の国家的高揚期に、日本人論を書いた著者たちは、志賀を除くといずれも、それぞれに、思想的にそこに留まる必要を感じなくなった。内村、新渡戸、岡倉の三人は日本という枠を、それぞれ、「世界」、「国際」と「地方」、そして「アジア」に拡大することで、ひとまず、「日本」というアイデンティティの問題を変換することで次の道を探ったのだ。また、同時に、内村と新渡戸にとってその著作は、外国人の側の日本理解に対する「誤解」への反発と、それへの啓蒙の意味はあっても、それが一定程度の効果を果たしたのちには、彼ら三人のあいだにはそれ以上の議論をこのレベルで行うことは、いわゆる国粋的な意味での「日本主義」と立場を同じくすることになりはしないかという判断もあったのではないかと思われる。とりわけ、その後、こうした英文の著作に匹敵するような、外国語による外国人向けの日本に関する著作がないとき、これらの書物が当初の目的以上の効果を発揮し過ぎないよう、という懸念も、とくに内村、新渡戸には働いたのではないかと想像する。新渡戸がのちに書いた *The Japanese Nation*（一九一二）は、この点でいえば、より概括的な「日本に関する紹介」であって、「日本人論」ではない。志賀も、逆の方向にではあるが、こうした風景は日本にしかないと突っ張っていたのが、西洋の景勝を日本になぞらえるところまでゆるんだ、という変化を見ると、もはや、これ以上の日本人論を自分の仕事として必要としない心理を生きるようになったと言えよう。

「日本人論」が必要とされなかった時期

かくして、その後は、これから取り上げる昭和十年代を中心とする日本人論まで、いまに残るような目立ったものがない。それについても、私はいくつかのことがらにふれておきたい。

まず、日露戦争勝利から昭和初年代までの二十数年、大正時代がすっぽり入るその時期は、ある意味で、アイデンティティの不安が「比較的」少なかった時代である。日本が国際的に、認められるようになった時期であった。それゆえ、「日本人論」の議論は、後世に残るようなかたちでは高まらなかった。

もとより、外国に出ずに国内にいる、いわゆる「一般の人」が、「徴兵」といったかたちで、国家レベルの問題がふりかかってこないのであれば、「国民としてのアイデンティティ」に常日頃悩んだりする、と想定するのは滑稽《こっけい》であろう。そうした悩みに正面からぶつかるのは「外国」といやでも接することになるエリートや「留学生」にほぼ限定されるであろう。しかし、いわゆる「庶民」を国家や世界に関心がなく、黙々と生きる人々であると見ることも、彼らがこうした日本人としてのアイデンティティという問題を、あたかもエリートや知識人と同じような態度でとらえていると考えることも、いずれも危うい。実際には、その人がいかなる生活世界を生きているにせよ、明治以降の近代の激変の中では、自分が生きている「私たち」の世界と「外国」とについては、誰もそれにまったく無関心、無関係ではいられなかった。そうした近代国家の育成と対外関係を取り仕切る国家的エリートたちも、一般の人々の対外観を誘導、教育する努力なしにはその仕事はできなかった。そうしたことを前提にして私は、大正時代はいわゆる近代化が順調にレールの上を走っていると考えられた時期であり、日本人論は強くは必要とされなかった、と考えるのだ。

しかし、厳密には日本人論ではないのだが、限りなくその意味合いをもつものとして、この時期の著作を二つ挙げる。一つは一九一〇年の、先にふれた柳田国男による『遠野物語』であり、いま一つは一九二七年の芥川龍之介《あくたがわりゅうのすけ》の『西方の人』並びに『続西方の人』である。

『遠野物語』には、柳田が明治維新後の最初の世代の一、二世代後輩として、その対西洋近代への姿勢をすでに変えていたことが鮮明に見て取れる。彼にとってはすでに西洋は望見する憧れではなく、それへの愛憎がエネルギーとなって近代化を突き動かすものでもなく、むしろどうしようもない差異と強さを見せて立ちはだかる壁であった。たとえば日本が強くなればなるほど、西洋と対等であるように見えて、じつは同じ平面に立たせてもらっていないのではないかという疑いを持つ。招かれざる客のような、「近代」という親に養子となった孤児のような感情である。西洋と対等に接する地位を日本が確保していると確信していられるのはよほどのんきな志賀のような心性の持ち主である。「郷土会」で活動をし、民衆の中の書かれざる知を見出そうとする柳田のケースは、その西洋の壁に正面からぶつかるのではなく、逆に日本の内側に入ることで、大迂回《うかい》するという方法を採ったのだ。その決心の書として『遠野物語』は位置する。

その序文の献辞について、私はかつて別のところ（二〇〇〇）でこう書いた。「（この本の献辞の）『此書を外国に在る人々に呈す』の『外国に在る人々』の意味は多重的であろうが、ふつうの意味でとらえれば、それが外国人、そして外国在住の日本人に対して、日本独自のものを提出する、という、挑戦的ですらあるトーン」を表すものと考えてよいだろう。ここで多重的、と書いたのは、表面的には、外国にいてこうした日本を忘れてしまっている人々に向けてであるが、深読みすれば、東京などの中央にいて、こうした深い山の物語を「外国」のようにしか感じない人に対しても発せられた言葉である。そのときはまた、「西洋化という近代化をこうむっているあなたがたの方が、こうした『日本』からすると『外国』にいることになります」という意味も込められている。ここには、西洋という「外国」に対する日本を問題とするのではなく、内側に「遠野」という「外国」を見出すことで、それがむしろ探るべき民衆の歴史の存在する日本である、という発想の転換がある。それゆえ、この書と柳田の他の仕事は、私の考える「日本人論」には見えない。それらは日本を論じた日本・論であったり、日本人を論じた日本人・論であっても、「西洋近代」の中の日本人のアイデンティティの不安を、「外国」との比較の中で、安定したものにしようとする意図を「直接」に持つ「日本人論」ではないのだ。しかし、柳田の個々の仕事ではなく、彼の行った活動の全体と、その日本への「大迂回」という戦略が、やはり日本人論を必要とする「アイデンティティの不安」の構図の中で行われたのもたしかである。

『西方の人』は芥川の作品の中でも傑作とは言いがたい。しかし、いまここでそれにふれるのは、その作品の持っているキリスト教、ひいては西洋との距離感が、内村、新渡戸とは決定的に違うことからいくつかのことがいえるためだ。まず、それは芥川の世代にとって、「西方」が、それほど、骨がらみの、使用言語を英語に取り替えて、挙止動作から西洋風にならなければ届かないものではなくなったことを表している。日露戦争以降、日本は世界の中の一等国、軍事から見た国力とその反映としての国際連盟での地位においては、一目を置かれる存在となった。『西方の人』に書かれているのは、西洋近代の思想、宗教についての考察である。しかし、キリスト教を「ある一つの」西洋思想、キリストを「ある一人の『西方の人』」として扱っていることは、この時期の作家の仕事としては、西洋が相対化しうるものとしてとらえられたことを表す。芥川自身が、そうした「西洋の知性」を消化し、相対化し得た日本人という評価を受けていたのだ。実際にこの作品がキリスト教を彼なりに思想として相対化したかというと、私はそうは評価しない。しかし、その書きっぷりとレトリックが、そうしたことも可能だと読者に思わせる、という点が、ここで指摘したいことである。そして、これはのちに、後輩の横光利一を論じるときに、関係してくる。

かくして、この一九一〇年から一九三〇年あたりまでの二〇年間は、ある言い方をすれば、あまり日本人論を必要としなかった時期、となる。繰り返しになるが、「日本についての議論」は、前述の民俗学の柳田国男や、歴史学の津田《つだ》左右吉《そうきち》などの学問の中に、また、いわゆる日本思想のイデオローグ、徳富蘇峰《とくとみそほう》、橘《たちばな》 孝三郎《こうざぶろう》、大川周《おおかわしゅう》明《めい》、北一輝《きたいっき》たちによってなされていた。しかし、それは書き手の不安と読み手の不安とが、「外国」との比較の中で、説明されていくという、日本人論の通常著述とは異なる。いわばこうした日本思想のイデオローグたちは、日本人論を必要とする状況に、意識的にまたは無意識的に背を向けて、「日本」が西洋近代とは別のところで一本立ちしうることを前提としての、またはそれを証明しようとしての著述であって、日本人論ではない。私たちがこの本の中で見てきた範囲では、彼らの著述は、志賀《しが》重昂《しげたか》のある部分がそれに対応するかもしれない。

最後にもう一点、「日本人論」が書かれなかったことの理由にふれる。それは、日本人を論ずることは天皇とその制度を論ずることに近づきかねない、ということだ。つまり、大正時代、その比較的に自由主義的な社会状況で、日本人を論ずるとなると、外国と比較することで天皇を中心とする日本を「相対化」することになる。しかし、そうした作業は、一方で不敬罪にふれ、他方で、右翼からの攻撃を招くことになる。そうした議論がしやすそうであるゆえに、かえって、議論がその方向に近づきやすい、という危険があるように思える。先述の芥川は、『河童』でなにがしかの社会批判のようなものを行い、白樺派はどこかで、新しい社会のかたちへの発言を意図したようでありながら、それゆえにこそ、唇の寒さを感じ取っていたと思われる。

しかし、そうした天皇制をめぐる議論に近づくことの危険は、この社会では常に、いまもなお存在する。その危険がこの大正時代をふくむ二十数年のあいだに、前章で述べた四人の時代よりも和らいでいたのか、大きかったのか、判断は難しい。しかし、「一般の読者」に対して書かれなければその意味がない日本人論には、たとえば「天皇機関説」のように学問制度の内側で発言するのとは違って、その危険は潜在的に大きかったと言えよう。その自由主義的な空気がありながら、またはそれだからこそ、外国との比較によって発想され、議論のどこかのレベルで日本を相対化することが求められる「日本人論」はこの時期、生まれにくかった、と言えるかもしれない。

四冊の日本人論――昭和のだらだら坂

日本は日清、日露の高揚期のあと、西洋諸国に追いついたがゆえに、目に見えやすい目標を失った時代に入った。その中でも、前述の時期のあと、昭和五年から敗戦までは、方向感を失い、迷走していたと言えようか。司馬《しば》遼太郎《りょうたろう》は明治の日本の日露戦争までを描いた小説を『坂の上の雲』と名づけたが、それでいくと、この昭和の時期は、まるで、上がっているのか下がっているのかも分からないだらだらした坂を、あてどもなく歩くかのようである。激動と呼べるような事件が相次ぐのだが、国全体の動きはふわふわと落ち着きがなく、徒労感が漂う。

この章で取り上げる以下の四冊の本は、前章の四冊と同様、いまでも読まれ、ある場合は「古典」と言われているものである。いずれも日本を主題にしている議論であるが、たんに日本に関する著作ではなく、「日本人論」としての性格を持つものである。それらを発行年順に並べ、そこにこの時代を画した歴史的事件を挟み込むと以下のようになる。

一九二九年　世界経済大恐慌
一九三〇年　九鬼周造《くきしゅうぞう》『「いき」の構造』
一九三三年　国際連盟脱退
一九三五年　和辻哲郎『風土』
一九三六年　二・二六事件
一九三七年　横光利一『旅愁』（連載開始）
一九四一年　太平洋戦争開始
一九四三年　河上徹太郎《かわかみてつたろう》他『近代の超克』（雑誌発表は前年）

この四冊の著作は、哲学書あり、小説あり、座談会ありで、多様なジャンルから成っている。しかし、その違いを超えて濃厚な共通性がある。表面的な、日本を主題にした著作というだけでなく、「日本人」が「西洋近代」の中でどのように位置づけられるかを模索する試みという意味で、共通している。内容にふれながら、それぞれの日本人論としての性格を見ていこう。

『「いき」の構造』

九鬼周造の『「いき」の構造』は奇書である。このような内容と書きっぷりの本を他に知らない。かなり「きわどい」のである。しかし、そうした特異な傾向は知られずに、世には古典として知られている。つまりこの本もまた、読まれずにただその題名から別種の内容と思われて広まっている、という古典の持つ特徴的な要件を備えている。

つまり、人はおそらくこの本を、「いき」という非常に日本的な感覚、価値を、西洋的な哲学の手法で分析し、その構造を取り出したものと考えるであろう。全くの間違いではない。その内容の骨子を一つのセンテンスで表せば、「いき」とは、媚態《びたい》と意気地と諦めの三つからなっていて、その外延を成す、上品—下品、派手—地味、意気—野暮、甘味—渋味の対立する意味が、直六面体の構造（四四頁）を持っている、となろう。

が、この本の冒頭の一ページでも読んでみれば、思いがけない叙述に行き当たる。

まず内包的見地にあって、「いき」の第一の徴表は異性に対する「媚態」である。異性との関係が「いき」の原本的存在を形成していることは、「いきごと」が「いろごと」を意味するのでもわかる。「いきな話」といえば、異性との交渉に関する話を意味している。（中略）しからば媚態とは何であるか。媚態とは、一元的の自己が自己に対して異性を措定し、自己と異性との間に可能的関係を構成する二元的態度である。（二一―二二頁）

「自己と異性との間に可能的関係を構成する二元的態度」、一体なんのことだろうか。この本が新刊であれば、それが書店の中で置かれるのは、「恋愛」論コーナーかもしれない。ハウツーものというより、恋愛美学であるがゆえの読みにくさがあるのだが、読んでいくと、媚態とは具体的にこれこれ、ということになって、それは読みようによっては、どのように媚態を見せるか、というハウツーの話になる。たとえば「なお、全身に関して『いき』の表現と見られるのはうすものを身に纏う、ことである」（五一頁）といった、単純なのから、ていねいな指導例を挙げれば「流《りゅう》眄《べん》、すなわち流し目とは、瞳《ひとみ》の運動によって、媚《こび》を異性にむかって流し遣《や》ることである。その様態化としては、横目、上目《うわめ》、伏目《ふしめ》がある。側面に異性を置いて横目を送るのも媚であり、下を向いて上目ごしに正面の異性を見るのも媚である。伏目もまた異性に対して色気ある恥かしさを暗示する点で媚の手段に用いられる」（五四頁）となり、さらに、「口は、異性間の通路としての現実性を具備していることと、運動について大なる可能性をもっていることとに基づいて、『いき』の表現たる弛緩と緊張とを極めて明瞭な形で示し得るものである」（五四頁）となると、これはもう、色事の動作編ともいうべき内容となる。確かに「いき」の哲学的分析なのだが、その「いき」とは極めて具体的で個別的な日本の売春システム、「色の世界」に現れ出る特殊な文化価値なのである。伝統芸の中に表れる日本文化のセクシュアリティといってよい。奇書と最初に断ったことがお分かりいただけたと思う。

しかし、ここで取り上げるのは、その内容がいかに日本文化の一断面を鮮やかに切り取っているかという評価からではなく、これをなぜ書いたか、ということを考えると、本書が日本人論というもののまた一つの好例として説明できるからである。

九鬼は、一九二一年にヨーロッパに渡り、ドイツとフランスで哲学を学び、一九二九年に帰国した。その間、リッケルト、ハイデッガー、フッサール、ベルクソンに師事した、すなわち、そうした哲学者と交わるサークルの内に入った、ということである。男爵の息子としての経済力と、本人の知力と魅力がそれを可能にした。前章で述べた西洋との、「言葉とからだ」（本書六一—六二頁）による交渉のうち、分かっている限りでは言葉に関しては成功した留学と言えようか。しかし、そうして帰国したのち、一九三〇年に本書を出した事実は、やや異様に思える。ドイツ、フランスの哲学を学んで帰国し、最初に出した本が、『「いき」の構造』である。さらに、この本は、帰国後書かれたのではなく、ヨーロッパ滞在中の一九二六年には草稿が完成していた（二〇一頁、多田道太郎による解説）ということだ。明らかに、確信犯的に、ヨーロッパにあって、周囲の環境から隔絶した日本の芸者の「色」の世界を想っていたのだ。

「西洋」に受け入れられずに、一人、あらぬ故郷を想って奇妙な文章を書いていた、というのではない。ここには、内村や新渡戸とは違った、さらに柳田とも違った、「日本人」のとらえ方がある。内村や新渡戸であれば、あくまで西洋人と比較して、それと同等になりうるものとしての日本人である。柳田であれば、自分たち日本人が分かっていないのに他の民族と比較することはおかしい、という「一国民族学」という言葉で表される、自覚的かつ方法的な「日本民族」への努力の傾注である。九鬼が考えたのは、いや彼が考えなかったのは国民や民族といった枠組みで対象を捉《とら》えることであり、その代わりに彼は、自分個人の経験と経歴の中に思いを探った。そして、ヨーロッパに暮らしていても自分が真に惹かれているテーマに考えを集中した。そこには自分の母親が元芸者であったこと、その母が岡倉天心との壮絶な恋ののち発狂したことなどが濃い影を落としていたに違いない。しかし、私たちはそうした事情に入り込まずとも、彼がこの孤絶した美意識の世界に自らの思念を集中させたこと、この態度が本書にとって最も意味あることだ、と分かるだろう。すなわち、「外国」に暮らすことで否応なくわき上がる日本人としてのアイデンティティの不安を、ある対象を論じる中で考えていくに際して、その外国の事象と直接比較せずに、または比較できないものを取り上げ、しかしながら、その分析には、西洋の文明で鍛えられた方法の刃をもってする、ということである。

もしかすると、九鬼は「いき」をフランスの高級売春婦や、ヨーロッパの文学の中の恋愛にまつわることがらと比較することもできたろう。しかし、彼はそれをとらなかった。比較することで、日本も西洋と同等、いやそれ以上に素晴らしいと主張するのではなく、日本の「色の世界」が、西洋哲学の概念と方法によって分析しうることを証明することで、日本人が孤立した存在ではなく、特殊であっても普遍的な道具で料理しうる、つまり理解が可能である人々であることを証明しようとしたのだ。

彼の本は広く読まれたか。これは、『代表的日本人』や『日本風景論』のように平易な言葉では書かれていない。だから、ベストセラーにはなり得ない。しかし、日本人論は多くの日本人に届かなければその機能を果たし得ない。ある日本人論が、もし「国民的」読書の対象にならなければ、国民のアイデンティティの問題にふれたとは言えないのではないか。このことに関していえば、本書で取り上げる日本人論の中で、最も少ない読者しか持たないものがこの『「いき」の構造』であろう。しかし、書物の持つ影響というものは読まれるだけではない。そうした本があることを知っていること、いつかそれを読みたいと思っていること、つまり、国語の教科書の巻末の文学年表であれ、日本史の歴史年表であれ、『「いき」の構造』という題名が珍しい著者名と共にあることだけでも、そうした「いき」といった特殊に日本的な美意識にも構造がある、ということは伝わる。『「いき」の構造』は多くの人々に実際に読まれることはなかったが、古典となることでその特異な題名で世に知られ、日本的なるものは分析しうる「構造」を持ちうる、というメッセージを発し続けているのだ。九鬼は、意識して背を向けている西洋から、そうした「方法」を受け取っている。

この『「いき」の構造』と双子のようにしてあるのが、谷崎潤一郎《たにざきじゅんいちろう》が一九三三年に発表した『陰翳礼讃《いんえいらいさん》』である。何もテーマが似通っていることをいっているのではない。谷崎の、日本の美意識の一側面に思いを凝らして、書き切ってしまうところが、九鬼と通じるものがあるのだ。しかし、『陰翳礼讃』は日本人論ではない。ふつうの意味で、日本についての議論、日本・論である。それは、自分と、自分がその中で生きていると考える、日本という歴史・文化的な連続体のアイデンティティに揺るぎのない、関西移住以降の傲岸《ごうがん》な谷崎によって書かれているからだ。

『風土』

次に取り上げる『風土』は、和辻哲郎の著作としては『古寺巡礼』と並んで、広く知られている。しかし、後者は和辻三〇歳のとき（一九一九年）の作品であって、いわば、外国がまだ遠い憧れのときに日本に愛着を持つ、という若者の健康さから書いているのに対し、前者の『風土』は、一九二七年から翌年にかけてドイツに留学し、そのときの経験が構想の核となって、一九三五年に出されている。なされている議論は、ハイデッガーの『存在と時間』から想を得てその限界を超えようとしたこと、また、ヘルダーやヘーゲルの風土学からたどることができる、といった哲学的な系譜を別にすれば、その骨子はすこぶるストレートである。すなわち、世界を、モンスーン、沙漠、牧場の三つの類型に分けて、そこに生まれた文化、社会がいかにその三つの地理的類型と関連しているかを縷々《るる》述べた著作である。

それはあたかも留学と旅行中のいくつかの見聞からの発見を種子とし、題材をそれぞれの地理的類型の宗教、文化などに広げ、ある仮説の下に分析した議論の体裁を取っている。しかし、私には、留学の傷深し、と思える。そのために書かれた日本人論と読める。

それは何も、外国で特にいやな体験をした、といったことを指すのではない。たとえ厚遇されていても、その社会とのあいだにある、違和感のようなものから発して、他の問題がからみ合った複雑なもの（コンプレックス）に成長し、それが否応なく自分の課題となってしまう、そうした経験のことである。「他の問題」、その多くは、外国に行った日本人にとって濃淡はあれ、「日本人であること」から生まれる。それがストレートに、その相手、「西洋」に返球できる場合、著作をものしても書きっぷりはポジティブになる。『武士道』や『代表的日本人』のケースがそれである。岡倉の著作も、声音は悲壮なところがあるが、声の調子は高らかである。この『風土』と同じく日本の地理的環境を述べた『日本風景論』はすでに述べたように、時代と著者個人の経歴とから、高い調子の本となっている。それと比べると、『風土』の声調は低い。日本はこの風土でやっていかねばならない、という覚悟、それもやや悲壮なそれが文面から読める。

そのことは和辻の、またその時代の日本が置かれていた歴史的状況の反映であろう。端的に、また象徴的には一九三三年の国際連盟からの脱退がある。満州からの撤退勧告案は、賛成四二、反対一（日本）、棄権一（タイ）で可決されたのちの脱退である。もちろん、ある歴史的状況がすべて一律に日本を扱った著作に反映されるのではないことは、すでに『「いき」の構造』、『陰翳礼讃』という、ひねった例を見たばかりである。そうではなく、和辻はその歴史的状況に対し、無意識にではなく、意識的に対応させて『風土』を書いている。

和辻は、日本が「牧場」でも「沙漠」でもなく「モンスーン」的環境の下、さらに熱帯的であり同時に寒帯的であるという二重性のために、より特殊である、と論じる。その地理的特殊性は、これが書かれた時代の日本が国際社会の中で、沙漠の社会はもちろん、「牧場」の西洋と異なり、またアジア（モンスーン）の中で、中国とも異なる、と認識せざるを得なかった歴史的状況に対応するのだ。その対応が和辻にとって、この論が堅固なものだと思わせているのだが、その歴史的状況に対応させるがために自分が論を立てているのではないかという、当然持たなければならない反省は、少なくともこの議論の中には見えない。

和辻のこの著作に、「沙漠」、「モンスーン」、「牧場」についての詳しい、そして、西ヨーロッパならその内部に差異のあることへの、現実的な知識が欠けていることははっきりしている。和辻が、「以上によって我々は沙漠的人間の構造を明らかにした。それは『乾燥』である。乾燥とは人と世界との対抗的・戦闘的関係、従って人間の全体性への個人の絶対的服従の関係である」（七二頁）と書くとき、実際を見ずしての机上の空論の典型を見る気がする。また、「中国人」が無感動であるとし、中国人の遅れを指摘して、それを叱咤《しった》するときに、明治以来の知識人によく見られる、遅れた中国へのかつての尊敬からの落胆からくる、己への過信と近親憎悪とがない交ざった、心理的防衛の典型を見出す。

だから、この本に読むべきことは、ひとえに、日本の近代化のプロセスの中で、自分と自国とのアイデンティティの問題が重なり合ったとき、日本と日本人を論ずることが、しばしば分析のレベルには達せず、個人の願望や政治的な表明が入り込むことがあるという悪しき例である。一見、地理学的な広いパースペクティブを取って「人類」の文明を論じているようであり、そのために、等量のページを三類型のために費やそうとしたりしているのだが、結局、それらは和辻にとって論じたかった対象である「日本」と「日本の珍しさ」を持ってくるための伏線、前座でしかなかった。『風土――人間学的考察』とあるが、「日本人論的考察」なのだ。しかし、文章のレトリックと議論の防御法を心得ている著者が、議論の検討と批判に慣れていない読者を獲得する、という図式は、その後の凡百の日本人論にも見出すことができるのだ。

『旅愁』

この小説は、若い一組の男女（矢代と千鶴子）がヨーロッパ行の途次に出会い、互いに惹かれ、その思いは結婚へと次第に深まり、そこに他の人物たち――矢代の論敵の久慈や、矢代と久慈からは一つ上の世代、作者自身に近い東野――の恋愛や人生の諸事件などが入り組むという構成を持つ。その際立った特徴は、こうして作り上げられた筋立ての中で登場人物が、それぞれの社会的位置と思想的立場から、自身の心の中の煩悶《はんもん》と昭和十年代の日本の苦境とを重ね合わせて、飽くなき議論の応酬をするところにある。私がこの本を初めて読んだのは、まだ二十代の前半、最初の外国滞在であったパリの留学から帰った一九七一年頃であった。そこに書かれたことがら、たとえば、外国での日本人のあいだの「日本」をどう評価するかについての果てしない議論と、現地に「同化」して「日本人」でなくなることを競うかのような心理的焦燥感など、身に覚えのあることであった。ただ、それから三〇年以上経った現在、この小説を読み返すと、いまはもうそうではないのでは、という感じと、横光がパリに出かけた一九三六年から、やはり三十数年経った後に出かけていった私とのあいだでも、よくは気づかなかったけれど、やはり、もうそれほどではなかったのでは、という思いがする。

私が考えている、「そうではない」、「それほど」というときの「そう」、「それ」とは何か。それはまさしく、日本人論の主題であり、横光によってこの書の中で「日本人の苦しさ」と呼ばれている、近代の中での日本人のアイデンティティの不安定である。『旅愁』というタイトルも、そうした悲しみ、日本人が「近代化」の発展と変化の中で、過去に置き去りにしたものと、これから行く先にあるものとのあいだでいまの自分に不安を持つ、そうした感情を、旅する者が感じる「愁《うれ》い」に仮託してつけられている。その不安がつかまえきれないところに「旅愁」という比喩が用いられている。しかし、それが「もうそうではない」のではないか、と思えるのだ。

「それ」、すなわち登場人物たちが洩《も》らす旅愁とアイデンティティの不安は、本文の至る所に見出される。それはそのまま、この本の底に流れる議論を端的に示す。以下にそれを順次列挙する。小説の中の時間は一九三六年から翌年に設定されている。

しかし、総じて二、三年パリにいる人という者は、新参の日本人に一番冷淡でうるさがったし、またこれらの人人は最も激しいヨーロッパ主義者であることには一致していた。しかし、こんな人人が日本を軽蔑《けいべつ》する理由は、すべて日本人がヨーロッパを真似し切れぬという一事に帰していた。（上一三五頁）

（主人公の男女、矢代と千鶴子がスイスに旅し、氷河を見ながら、サフランの花の中に横たわっているとき、矢代が嘆息する）

〈矢代〉「ここから見ると、やはり日本は世界の果てだな」（上一六六頁）

（「日本主義者」の矢代と「ヨーロッパ主義者」の久慈とのあいだで繰り返される論戦の、ある一場面で）

〈久慈〉「僕らがこの世界のヒューマニズムに参加しようと努力せずに、学問の進歩があり得るか。道徳というものが成立すると思うのか」

〈矢代〉「しかし、僕らの東洋にだってヒューマニズムはあるよ。ちゃんとあるよ。ところが、この西洋のヒューマニズムとはちと違う。どっちが善いかは今云いたくはないが（中略）」
〈久慈〉「ヒューマニズムに東洋と西洋の別があるか。それがなければこそ、僕らはその理想を信仰するんじゃないか」
〈矢代〉「自分が、知識階級だという虚栄心で、東洋と西洋とのある区別さえ無いと思う習練を永久に繰り返すのかね。つまり、それは君の習練だよ」（上一九三頁）
（そしてこの論戦がくりひろげられたある日の、最後のやりとり）
〈矢代〉「君は歴史という人間の苦しみを知らんのだ。日本人が日本人の苦しさから逃げられるか。逃げるなら逃げてみろ」（上二一四頁）
（故国の二・二六事件を聞いたのちに、久慈がある年輩の人物、「沖さん」に向かって）
〈久慈〉「（前略）どうですか沖さん、青年がこんなに沢山考え事をしなくちゃならぬ時代なんて、今までにありましたかね」

〈沖〉「いや、こんなことは明治以来初めてですな。今までにも大事件は幾つもあったけれど（中略）このごろのは何が何んだか分らない。どうして良いのか見当がつかぬのですよ。明治以来駈《か》け足《あし》をしすぎて、心臓が飛び出たのだ」

沖の云い方に一同どっと笑ったものの、それぞれ胸倉をひっ摑《つか》まれたように急に黙ると沈み込んで羊を切った。（上二四五頁）

西洋から帰る多くのものが、船中から神戸を見て、思わず悲しさに泣き出すというもの狂わしい醜態がある。（下四四頁）〔船曳注—この悲しさは、懐かしさではなく、日本の港町の貧しさに悲しさがこみ上げる、という意である。〕

外国から帰ったものでそのまま家に滞っているものは、どういうものか、原因不明の高熱がつづき、入院する危なさを通るのが例である。（下四六頁）

下巻では、以下、日本に帰った矢代が日本に関する、たとえば幣帛《へいはく》にカントルの集合論を見出すと言ったような、「発見」のエピソード、また、矢代の祖先が千鶴子の祖先であったキリシタン大名の大友宗麟《おおともそうりん》に、西洋の技術である大砲によって亡ぼされたことをめぐる苦悩といったことが描かれ、二人の恋愛は文字通り紆余曲折《うよきょくせつ》を経て、結婚に向かう。

このように書くと、この本を読んだことのない人には何が発見か、何が苦悩かと思われるであろう。ある意味では国粋主義的な、ある意味では、「知識人」の独りよがりな、当時の現実から遊離した、本人が気づかぬままの知的遊戯と取られることであろう。しかし、最も現実を直視しようとしていた人々が追い込まれざるを得なかった「知的遊戯」であることが理解できれば別の感興がわくはずだ。終戦時には三〇歳前後となるはずの彼らが、終戦を生きて迎えたかどうかは疑わしい。断続的に一九四五年の初めまで書き継がれていくうちに、時世の進行が、振り返って小説的現在である一九三〇年代半ばの舞台に影を投げかけている。明治以来、最も考えさせられる世代として、すでに国際連盟から脱退した世界の孤児であった軍事大国の最も若いエリートたちである彼らは、その「日本」を明治の最初からやり直さねばならない必要性を感じながら、どこをどうやり直すのか分からないまま、ある者は、「日本」の奥深くから聞こえるかのような声に呼応しようとし、ある者はあくまで西洋と普遍に期待をかけ、ある者は「東洋」に活路を見出そうとする。それは、彼らにとっても悲痛であり、いま読むものにも、「日本人が日本人の苦しさから逃げられるか。逃げるなら逃げてみろ」が断言的で、高圧的で、脅迫的で、やや自己陶酔的でありながらも、共感を与える。

では、一九七〇年代初めにパリにいた私に「日本」はどうだったろうか。それは十分に「旅愁」を感じさせるものであったし、日本をどこからやり直せば、パリに、ヨーロッパに見られる「近代」を獲得できるのか、という発想はあった。それがなければ西洋近代の中への「帰り新参者」としての戦後日本の道はないかと思われた。もちろん自分の個的歴史、前年までの全共闘運動への反省や、自分の育った戦後に対する疑念なども重ね合わせて。

しかし、そうした「旅愁」を最も嵌《は》め込みやすい「型」は、確かに、近代の中に孤立する日本のアイデンティティの問題であった。すでに私も文化人類学の聞きかじりで、「もう一つの近代」と呼べるような、複相性を近代に見出す思考のパターンは知っていたが、目の前のヨーロッパは、『旅愁』の中で繰り返し現れ、高村光太郎《たかむらこうたろう》が泣き叫んで求愛するノートルダム聖堂に表される、圧倒的な重量感——私のパリの第一日目に、あるフランス人が道と道のあいだから垣間《かいま》見《み》えたその聖堂を、「massive」と言って、それはみごとに私の頭に刷り込まれた——は、「もう一つの」という言い方のむなしさの方を響かせた。

しかし、それらはもしかすると事実の表明として何らおかしいことはないのかもしれない。日本は欧米からは「世界の果てである」ことは事実である。ヒューマニズムに区別はないし、それにしても区別はある、ということ全体は現実的な表象としては事実であり、だからといって、泣くことはない。すべきは解くこと、貧しいのは貧しいからであって、それも事実、ホームシックであれ、カルチャーショックであれ、異文化体験にからだが変調をきたすのは事実であって、それ以上でもそれ以下でもない。

すなわち、それらがそれ以下のものであるはずだとしたり、それ以上のものとなってしまうのは、事実のレベルに起きているのではなく、「不安」というような、価値観と理念、イデオロギーのレベルにおいてである。そのレベルにおける、日本をどのようにしたい、どのようにあるべきだ、という希望や提言、問いがあって、それに対する判断と解釈が「旅愁」と不安を生むのである。たとえば、日本は西洋ではないのかと問えば、答えは率直に言えばＮＯである。日本が西洋であることを望んだら、その報われない努力の結果に対して、心情はネガティブなものにならざるを得ない。私の一九七一～七二年は、そのことに気づいて、帰国の途中、ネパールと韓国に立ち寄り、その一ヵ月がパリの一一ヵ月に匹敵する体験となった。それは、ある意味で、が。

「もう一つの」何かが東洋ではなくむしろ人類なのだ、という単純な発見だったのだが。

横光は、明治以来の問い、西洋近代の中で、日本はいかなる出自のものとして振る舞うべきか、また振る舞うことが可能かという問いを、「旅愁」を抱えながら方向が見定まらないままその旅を続けなければならない、と答えている。そこには、戦中の日本の方向に対する疑念や、戦後の反省が後知恵として、入り込んでいても、戦前から戦後にかけて、「日本人論」的問題とアイデンティティの不安の本質は変わっていないということがあるゆえに、問いも答えもまだ生きている。

最後に、ある一つのことを指摘する。この小説のパリの描写には、フランス人はほとんど出てこない、現れても、ほとんど、書き割りの人物のごときである。しかし、矢代が帰路、朝鮮の平壌で、一夜、「妓生《キーサン》」を呼ぶ。彼女は、矢代に向かって、日本人がその貧しさに泣く神戸を、「こんな美しい所が世の中にあったのかしらと思って、うっとりしてしまったわ」（下六一頁）と言うのだ。ここで、横光が、日本が西洋に向けている渇仰《かつごう》の視線はその後ろにいる朝鮮に向けての軽蔑の視線との裏表であり、この妓生の視線は、そうした、渇仰と軽蔑の視線は「相対的」なものでしかないことを暗示しているのだが、矢代が、横光が、それに気づいていたようには小説は書かれていない。しかし、私たちにはそう読める。ここにはこの小説の弱さと、しかし、未だに読むに堪える強さとが同じく存在している。

『近代の超克』

しばしば、「悪名高い」と呼ばれる、「近代の超克」という名の座談会と、その座談会参加者による短い「論文」からなるこの書物（雑誌発表は一九四二年、その単行本は一九四三年七月に出版）は、そもそもどういう内容を持つのか。

編者であり、座談会の司会者でもある、河上徹太郎によれば、その発想と経過は次のようである。

まず、この座談会は、一九四二年の初め頃、雑誌『文学界』の同人である亀井勝一《かめいかついち》郎《ろう》が言い出し、河上と小林秀雄《こばやしひでお》が加わった三人でプランを練り、文学界同人以外に座談会への参加を呼びかけて一九四二年七月二三日、二四日に実現、合計八時間をかけて討論が行われた。『文学界』からは、小林秀雄、亀井勝一郎、林房雄《はやしふさお》、三好達治《みよしたつじ》、中村光夫《なかむらみつお》、河上徹太郎が出ている。招聘《しょうへい》されたのは、京都大学の西谷啓治《にしたにけいじ》（哲学）、鈴木成高《すずきしげたか》（歴史）、音楽から諸井三郎《もろいさぶろう》、科学から菊池正士《きくちせいし》、哲学者の下村寅太郎《しもむらとらたろう》、神学者の吉満義彦《よしみつよしひこ》、映画評論家の津村秀夫《つむらひでお》である。保田與重郎《やすだよじゅうろう》は、急に都合が悪く出られなくなった。座談会出席者はまた、予《あらかじ》め論文を提出し、それを互いに読んで座談会に出席した。その論文のいくつかは雑誌には出ずに単行本に、いくつかは雑誌には出たが単行本には収録されず、といった、複雑な出入りがあるが、詳しくそれを述べる必要はここではない。保田のドタキャンも面白いがここでは考えない。この人的構成を、竹内好《たけうちよしみ》は、本書の解説で文学界同人と、日本浪漫派と、京都学派の「三つの思想の要素、あるいは系譜が組み合わされている」(二八八頁)としているが、私もそれを取る。しかし、そのことは私の議論に深くは関わらない。

それよりも、よくまあ成立させるのが難しそうな、錚々《そうそう》たる有名人たちによる座談会が実現したな、と思う。それはまさに、次に河上の言を借りて説明することである が、『旅愁』で、矢代や久慈や東野が延々と議論せざるを得なかった焦燥感が、太平洋戦争の開始によって、いよいよ、切迫感に変わったのだ、と言えよう。

河上は座談会の冒頭に、「明治から日本にずつと流れて来て居るこの時勢に対して、吾々は必ずしも一様に生きて来たわけではなかつた。(中略)いろいろな角度から生きて来ながら、殊に十二月八日以来、吾々の感情といふものは、茲でピタッと一つの型の決まりみたいなものを見せて居る。この型の決まり、これはどうにも言葉では言へない、つまりそれを僕は『近代の超克』といふのですけれども……」(一七一

—一七二頁）と述べ、しかし、その「近代」が、必ずしも座談会出席者の各人にとって同じではないことを座談会のテーマの反省として語る。そこで座談会はまず、西洋近代とは何か、次にその西洋近代が明治維新以後日本にもたらされたことによる功罪は何か、と進んでいくことがよかろう、と提唱する。かくして、いまなら「朝まで生テレビ」とでも言うべき、それよりは大分荘重な、河上に言わせれば、モデルとしては国際連盟がヴァレリィを議長として開いた知的協力委員会がある、という座談会が開始される。

内容は一言で言えば、学会発表から、所信の吐露までの、抽象化と論理において異なるレベルの話が同時に行われ、話はいっこうに動かない。議論が対立するとそこに出てくるのは、『旅愁』で横光が摘出した、そうした議論の根幹とも言えるダイアローグ、

〈久慈〉「ヒューマニズムに東洋と西洋の別があるか。それがなければこそ、僕らはその理想を信仰するんじゃないか」
〈矢代〉「自分が、知識階級だという虚栄心で、東洋と西洋とのある区別さえ無いと思う習練を永久に繰り返すのかね。つまり、それは君の習練だよ」

に似たやりとりが交わされる。

座談会の中では、小林秀雄が矢代であり、彼はまた東野の韜晦《とうかい》をも帯びている。対するに、久慈は、招かれた碩学たちの幾人か、特に哲学者の下村であり、おだやかながら科学者の菊池である。やりとりのすべてがほとんど『旅愁』で行われた議論のパロディか、と思わせるのには、林房雄と亀井勝一郎がその、いわゆる「日本主義者」の役どころを務めていることが大きい。しかし、本書で、この座談会を喜劇として描いても、ゴシップとして扱っても仕方ない。どんなに、彼らが舞い上がっていると指摘しても、科学を知らない文学者の与太話《よたばなし》と言ってみても、結局は世界情勢が見えなかった島国の知識人と断じても、それは本書にとって大きな意味はない。むしろ、いまとなってはそのように見えてしまいながらも、明治以来の「日本人論」がここで一つの高まりと言うよりは「煮詰まり」を見せている、そこが私には興味深い。そこには高揚があり、切迫感があり、さりながら、とまどいすらある。

それは河上の言葉の、「この日本現代史が世界史であるといふことは、これは皆に共通の問題になると思ひます」（一七四頁）と、鈴木成高の「元来近代といふものがヨーロッパ的のものである、といふ風に考へて大体間違ひないですね。（中略）さういふヨーロッパの世界支配といふものを超克するために現在大東亜戦争が戦はれて居ります。さういふのもやはり一つの近代の超克といふことであるといつて宜しいと思ふ」（一七六頁）と、小林の「明治以来の日本文学史は、西洋の近代文学といふものの誤解史だといふ反省（中略）本当の西洋の近代の思想といふもの、或は近代の文学といふやうなもの（中略）それを見極めようとする（中略）地道で健全な反省なり研究なりが漸く緒についた時に、政治的危機が到来した。そこでなんとか日本的原理といふものを発見しなければならん――といふやうなことになつて来たといふことは、随分むつかしい点だと思ふのです」（二一七―二一八頁）に、端的に表れている。一二・八のもたらした衝撃、それによって、日本人自らが舞台の中心に立った、という高揚ととまどいである。

それまでは、そうとしか思えなかった近代の中心である欧米に向かって働きかけては、ある場合は認められ、ある場合は拒否され、あるときはその限界を自嘲《じちよう》し、あるときはもう対等になった気分になり、しかしながら、戻ってくるのは、『旅愁』に書かれている「世界の果て」にある日本であったのが、その日本自体が、世界史の中心にいるという高揚感。しかし、それは決して、この座談会に集《つど》った者たちが作り出した状況ではなく、彼ら自身がむしろ反発や嫌悪や疑いを持っていた、日本という国家の持つ最も生な力である軍事行動によって切り開かれたものであることから来るとまどい。しかし、ここに彼らが集まった最大の理由は、これまで目の前に立ちはだかり、その門を開いているのかどうか、その中に入れてもらっているのかどうかが分からなかった西洋近代を、丸ごと乗り越えることがあるのかもしれないという、それぞれに降って湧《わ》いた想念（または妄想）を、討議の場で確かめたかったからだ。林房雄などの例外を除けば、この参加者たちに、度合いこそ違え、そうした「超克」の想念に懐疑がなかったわけではない。しかし、その懐疑自体が疑わしく思えるくらい、一二・八に「日本国の軍隊」の起こしたことは、青天《せいてん》の霹靂《へきれき》であったのだ。米国の二〇〇一年に起きた九・一一がそれに似ているのかもしれない。そして、一二・八の日本は行動を起こした側である点で、まったく逆の心理状態であろう。

さて、日本の現代史が世界史となったとして、それで、「日本人論」が問題とする難問、「日本人はいかなる意味で、西洋近代の一員でありうるのか」という問題は解けたのだろうか。もしくはその難問は「超克」されることで消滅したのか。

座談会の中で、近代とは結局「西洋近代」のことである、と何度も確認される。それについて、学会発表的な発言がうち続く。それに異を唱えそうな人々も、たとえば鈴木が「文明開化を克服する為に、日本的なものを打立てるのも宜しいが、やはりもつとヨーロッパに徹した理解をもつといふことも必要ではないかと思ふ」というのに対し、林房雄が「それは非常に良いことでありませう」と簡単に応答してしまってはなにもならない（二四一―二四二頁）。

ただし、林は次の発言で、「ヨーロッパだけではなく、支那にも印度にも、大いに徹する必要はあります」（二四二頁）と続けるのだが、この言に、たとえば岡倉天心がファナティックではあれ、アジアは一つと叫んだときの実質はない。明治の知識人と比べて、西洋への接近の能力が低く、アジアに水平の視線をもてない昭和の知識人がこう発言するとき、机上の空論というのではなく、理屈としての発言、教科書をなぞっていると言うべきであろう。

このことは、一二・八以降、いっそう強くなる。なぜかと言えば、いったん戦争が始まると物書きとしての彼らには「現場」がないのだ。新しい事態に対しては、与えられる情報に感想を述べるだけであり、その感想は、国家の巨大な装置が動くときには、飾りの意味すらない。何ら働きかける現場を持たない彼らは、集まってはみたものの、この事態から受けた動揺に対してそのおしゃべりは気休めにもならなかった。

座談会で、解説と合いの手でしか発言しなかった小林が、菊池に「おべんちゃらみたいになるけれども、（中略）兎に角学生はみんなあなたを識つてゐますからね。あなたが古典的のことをやられるといふことは、それだけでも教育的な価値があると思ふのですがね」と言われ、「はあ、（恐縮の態）古典への道がやうやく開けて来た様な気持になると同時に、人に説明したり、人を説得したりする事の果敢なさや嘘偽を痛感する様になつた次第で、困つた事です」（二六八頁）と答え、この座談会のあとも、戦争の間沈黙していたのは彼の処世術としての判断の正しさであった。しかし、「日本人はいかなる意味で……」という難問に関して言えば、少なくともこの時点では、それは解けない、ということを言ったに過ぎない。そもそも、座談会の最初に、全員が西洋近代をこれまで受容してきた、とほぼ同じ口ぶりで自白していては、この難問は消滅しないのだという結論が導かれるだけである。ある意味で、林、亀井以外の理が勝っている人々には、一二・八は衝撃であって、それから新たな思想を展開する準備はなかったのだ。

では、この難問を超克する、すなわち、問いの源である「西洋近代」を超克するとしたら、どのようにであろうか。残念ながら、そのアイデンティティの不安という問題は、彼らの持っていた枠組みの中では、軍事的勝利によってさらにその形が異様になっていくだけであり、乗り超えたり消滅させたりすることはできない。一二・八の事件は純粋に軍事戦術的な意味で相手をうち負かしたのであり、知識人の出る幕はない。そして、もし——と思った人はいたのであろう——そのようにして、軍事的に「西洋近代」・国家を戦争によって完全にうち負かしたとしても、この座談会の記録が明らかにしていることは、その次に来る歴史と社会の状況に対して、この「近代の超克」参加者は何をすべきか、何ができるかは皆目見当がつかなかった、ということである。

以下の引用は、そのことを端的に表している。

（一同が諸井三郎に音楽の未来を聞く）

〈中村光夫〉「諸井さん、西洋音楽は日本人に本当に板につきますか？」

〈諸井〉「それア現在の儘《まま》の西洋音楽が板につくといふことはない——とお答へしたい。然し完全に新しい音楽様式を創造し得ることができるならば、それは板につくと思つてをります」（二一二頁）

〈林房雄〉「東洋のものは、日本でも支那のものでも、声を一度潰《つぶ》しますね。あれは西洋にありますか？」

〈諸井〉「ないですよ」

〈林〉「さういふことが、これからの問題ではないですか」（二一四頁）
〈小林秀雄〉「君は日本音楽は嫌ひですか？」
〈諸井〉「嫌ひぢやないです」
〈小林〉「非常に駄目ですか？」
〈諸井〉「発展性がないと云ふのです」（二〇九―二一〇頁）

これは質問にも答えにもなっていないし、西洋音楽を超克するも何もない。この座談会をただのプロパガンダにすることを意図すればこうはならなかった。しかし、それぞれがかしこい人たちであるから、自分の言説に関しては十分な懐疑の防衛線を敷いて集まってきて、他人の口から何かが出てくるかもしれない、と期待していたのが、お互いに、防衛線の内側に立てこもり、実際に調子に乗った発言が出てくると、内心苦虫《にがむし》をかみつぶすのだから、お調子者の林房雄しか話す人がいなくなった。最後に林が、「少年航空兵の教育」を清浄なものか異常な精神美かと問うて、西谷啓治が「健康な精神美だ」と答え、「座談」は終わった。

小さなまとめ

日本が日露戦争によって、国家としての一定程度の位置を西欧諸国の中に占めることとなり、かえって自らの、アイデンティティを疑わざるを得なくなった。ここで取り上げた四冊の日本人論は、そうして、西洋列強と肩を並べた、と思ったところに湧いた、さらに根深い不安に関わっている。だらだら坂の鈍痛のような不安である。自分たちは西洋人のようにやれるだろうか、という問いは、ある程度やれることで克服できた。しかし、そうやって同じゲームを戦っていたつもりが、ゲームへの参加の資格自体があるのだろうか、と気になりだした不安である。勝つまではゲームに入れてもらえるが、勝ったとたんにゲームから外されるのではないかという、すでに「孤児」、「養子」といった比喩で述べたが、さらにしつこく近代への「転校生」と言えばこの第二の不安はよく分かるだろうか。目立つことがアイデンティティ、この場合に居心地を揺るがす。

この章では『「いき」の構造』、『風土』、『旅愁』、『近代の超克』と、その難問に対するそれぞれの答え方を明らかにした。九三ページの略年表にあるように、昭和初頭以降の激変の歴史の中で、転回点となる事件をあいだに挟んで、この四冊の「日本人論」は、そのトーンを次第に暗くしている。明治の四冊と比べると、その色調は対照的である。もとより日本人が西洋人になろうとする、そうした無理な問題の立て方をしたら、解決することはない。この暗さは、問いが解けない、ということだけではなく問いの立て方の無理にあるように思える。この「難問」は、第二次世界大戦後に持ち越され、半世紀のあいだ、いろいろな日本人論が、それを正面から、あるいは搦《から》め手《て》から解こうとしてきた。それは第二部で詳述する。しかし、この昭和の四冊にも、難問を突破するヒントはいくつかあった。

それをある一つの箇所を挙げることで示せば、『旅愁』の妓生の発言である。西洋から帰ってきた日本人が神戸を見てみすぼらしさに泣くのに対し、神戸から半島に戻った朝鮮人がそれに憧《あこが》れる、ということ。そして、それは、現代日本史が世界史である、といったときの「世界」が「ヨーロッパ」であり、ヨーロッパ以外がそこにはふくまれていない、ということによっても、裏側から照らし出される。中国で中国人と戦っていたときにはそれを「世界史」とは見ずに、アメリカ人と戦っているときには世界史となる、という錯覚。この錯覚を「日本人論」の中に気づくこと、そこに、「日本人論」の難問から抜け出る道がある。

第二部　「日本人論」の中の日本人たち

第四章　臣民――昭和憲法による民主主義的臣民

短いまえがき

第一部では、明治以来、第二次世界大戦までの、「日本人論」のあり方を、主として八冊の代表的な著作の中に見た。個々の著作を論ずることで、そこに共通するものを見て取り、日本人論というものが「黒船」による日本開国以降の日本人に必要であったわけ、そしてそれが、日本の近代史の最初の八〇年間においてどのように変化したかを見た。その再検討は日本人論に関しての総論でもあった。

しかし、戦前の日本人論は、それらがどのように書かれたかという点では現在の日本人論と変わらないものであっても、そこに描かれた日本と日本人たちは、さすがにすでに古い。「武士」であること、『「いき」の構造』に見られる日本の美意識といったものは、現在の私たちからはずれてきている。それに対して、戦後の日本人論は、現代に生きる私たちと、同じ質の日本人を論じているものとして読むことができる。それは、未だに戦後は私たちの社会にとって近い過去である、というだけではなく、日本が自らに課しているモデルが、第二次世界大戦の前後で、「大日本」から「国際日本」に代わり、それが未だに続いているという歴史的な理由による。

その国際日本を目指した敗戦以来の六〇年のあいだに、大東亜戦争で破綻《はたん》したと感じられた日本社会、日本文化、日本人に対する反省を主たる原動力として、さまざまな日本人論が、日本人の新たなアイデンティティの確証のために書かれた。しかし、戦後の日本人論で描かれた、「これが日本人だ」という数多くの主張は、次々と新しい類型を出して前のものに取って代わろうとするものではなかった。ある場合は、著者が気づいているのかどうかは定かではないが、対象を変えることで同じ類型を繰り返し、ある場合は、補助線を引き直して新たに前の論を復活させた。こうして戦後の日本の対外的地位と社会変化に応じて、いくつもの日本人論が書かれることとなった。ことに高度経済成長によって、「国際日本」だけでなく、「大日本」の亜種である「経済大国・日本」が姿を現すことで、日本人論はさらに変容することになった。

第二部ではそうした日本人論を個別に説くのであるが、一つの章の中で、およそ二つの日本人論を取り上げようと思う。それはすでに述べたように、この戦後六〇年は、日本人論の見地からは、同じ「日本人」を対象として議論が行われた時代としてとらえているからだ。出版された年が離れていても、それらを同一に論評することができる。たとえば、第四章で扱う『菊と刀』は、未だに現在の私たち日本人を論じたものとして読みうるし、それはさらに、最近書かれた『敗北を抱きしめて』につながっていくものとして、さらに新鮮な議論として検討することができるのだ。もし、新たに書かれる日本人論が、戦後のこれまでの日本人論とひとまとまりにして扱うことができなくなったとき、それが「日本人論」の本質的な変化が始まったときなのであるが、それについては、第三部で、議論することになる。

戦後最初の日本人論

戦後の日本人論をどこから始めるか、といえば、それは戦後の日本が始まったまさにその瞬間、一九四五年八月一五日の正午である。その前後の日本人は二つの別の集団のように思われる。徹底的な戦争継続を叫んでいた人々と、平和と民主主義を前から望んでいたように受け入れる人々。しかし、ある人間集団がそうした変貌《へんぼう》を一瞬にして遂げるといった、そんなことがあるのだろうか。その疑問を「臣民」というモデルで考えてみる。

この章で取り上げる日本人論は、共にアメリカ人によって書かれた二冊、ルース・ベネディクトの『菊と刀』（一九四六、邦訳一九四八）とジョン・ダワー『敗北を抱きしめて』（一九九九、邦訳二〇〇一）である。前者はアメリカの、女性の文化人類学者による研究書で、彼女は、マーガレット・ミードらと同じく、ある文化のパターン（型）は、個人のパーソナリティを形成する力を持つ、とする学派に属していた。彼女は、戦争が始まったのちアメリカ政府から敵国を知るために、日本に関する研究を委託されたので、日本に行ったことがないままこの本を書くこととなった。彼女は現地調査の代わりに、アメリカ在住の日本育ちの人々と日本の捕虜からの聞き取り調査を行い、種々の日本に関する文献、日本語による出版物、日本映画等々から得た資料を、文化人類学の文化間の差異の比較法と、ある文化や社会の中のさまざまな行動は全体の体系の中で連関し合っている、という機能主義理論のもとに分析し、書き上げた。いくつかの資料の取り扱いや、解釈の強さによる偏りは認められても、その欠点を補ってあまりある、鋭い洞察に富む書物である。

『敗北を抱きしめて』は、アメリカの歴史学者によって書かれた。戦後日本の、新聞、雑誌、漫画、歌謡曲、そして人々が残した覚え書き、聞き書き、占領軍の資料など、埋もれていたものも丹念に洗い出し、深さと広さを持った戦後の日本の姿を造形した。いわゆるバブルの頃、日本についての関心が、ビジネスの世界のみならず、欧米の研究者のあいだで高まったが、その後ブームは去った。ビジネス同様、ジャパン・パッシングという揶揄《やゆ》的な言葉も使われた。しかし、日本の国際社会でのそうした表面的な浮き沈みとは違うところで、日本に関するこうした本格的な研究がアメリカで続けられ、こうした成果を生み出したことは尊敬に値する。この本は二〇〇〇年のピュリッツァー賞を得た。ちなみに、翌年、二〇〇一年の同賞も、アメリカの歴史学者による、日本に関する著作、*HIROHITO*（邦訳『昭和天皇』）に与えられた。

「しかしまた」と「ふさわしい位置」

ベネディクトの『菊と刀』で描かれている日本人は、戦前、戦中の日本人である。この本には数々の優れた洞察がある、とすでに述べたが、その中で、興味深いものを一つ取り上げ、そこから今回の論に関係する中心的な考察を二つ引き出そうと思う。

興味深いとは、日本人は競争を避ける、競争による失敗が恥辱をもたらすことを怖れる、という発見のことである。この発見は、日本は「恥の文化」、西欧は「罪の文化」という、『菊と刀』といえば、よくなされる「定番のまとめ」を導くのであるが、その発見が具体的にどんな明敏な考察を導いているかについてはあまり語られることはない。

たとえば、現在の小学校における、誰でもが満点を取れるはずだという教育観、また、徒競走で走った子には全員に賞状をあげようといったやり方は戦後の「民主主義的平等」の観念が生んだ風潮だ、と考えている人がいる。しかし、日本における競争に関する叙述の部分で、『菊と刀』はこう書く。

「日本の小学校では競争の機会を……最小限にとどめている。日本の教師たちは、児童はめいめい自分の成績をよくするように教えられねばならない、自分をほかの児童と比較する機会を与えてはならない、という指示を受けている。（中略）成績通知表に示されている小学児童の成績順位は操行点を基準とするものであって、学業成績によるものではない」（一七九―一八〇頁）。

この文章の「操行点」という古くなった言葉を「努力の有無」に変えれば、いまの教育の断面を切り取ったかのようであるが、これは戦前の日本についての記述なのだ。こうした教育方針が出てくるのは、ベネディクトによれば「日本人は失敗が恥辱を招くような機会を避ける」（一八二頁）からであり、「失敗のために『恥をかく』」。そしてこの恥は、発奮の強い刺激になる場合もあるが、多くの場合は危険な意気消沈を引き起こす原因となる。彼は自信を失い、憂鬱《ゆううつ》になるか、腹を立てるか……」（一七七頁）であるとし、いずれにせよ、失敗の恥辱に弱いことがその理由である、と説明する。これを読んで日本のスポーツ選手の本番での勝負の弱さ、「ドーハの悲劇」

でいつまでもグラウンドで放心していたサッカー日本代表を思い出すのは私だけではないだろう（ただ、ごく最近は大分違うケースも数多く見られてきている。それは第三部の論題となる）。

しかしこれを読んで、なるほどなるほど、と感心するだけであれば、こうした自分たちを振り返って「思い当たること」が書かれている日本人論は数多《あまた》ある。近松《ちかまつ》の『国性爺合戦《こくせんやかっせん》』のおむすびの話に、「腑《ふ》に落ちる」のがそれである。彼女の考察の優れているところは、「しかしまた」と続け、日本人はそうした敗北による挫折《ざせつ》のあと、「……日本の真の強みは、ある行動方針について、『あれは失敗に終わった』と言い、それから後は、別な方向にその努力を傾けること」（三五三頁）ができる、ともう一段高い仮説を提示するところにある。恥をかかされると意気消沈してしまうことに加え、その一転して別の方向や別の態度をとれること、それが敵国の人間として、また占領政策を施すものとして、大戦後のアメリカ人が日本人に対するときに考えておかねばならぬ点だ、というのだ。これが冒頭に指摘した八月一五日を境とする「変貌」と関連して、「臣民」の考察に重要なものとなってくる第一の点である。

「しかしまた」は、さらにこの本のタイトルにも関わってくる。『菊と刀』は、この本の存在を知っているだけで、読んでいない人には、菊とは天皇家の菊の紋章であると考えられたりしているようであるが、本書中で実際にふれられるのはその菊とは違う。それは日本人が、平和な「菊作りに秘術を尽」くす人々でありながら、「しかしまた」、「刀を崇拝し武士に最高の栄誉を帰する」(六頁)人々でもある、という表現において出てくる。

もう一ヵ所、菊と刀が出てくる箇所があるがそこではやや違った使われ方の比喩として書かれる。剪定《せんてい》され矯《た》められ人工的な美しさを強制された菊が「自然に帰ること」で喜びを見出すことが、戦争によって解放された日本人になぞらえられ、しかし日本人は自ら「新しい強制力を習得せねばならないであろう」(三四三頁)と論じられる。刀は「身から出たさび」との言葉にもあるように、日本人にとって、自らの行為の責任をとる象徴であった。それは古い徳目ではあるが、しかし、新しい自由な世界における道徳の象徴ともなりうる。いずれも、菊と刀が、日本人の象徴体系の中で重要な要素として働き、日本人の「しかしまた」という変化への対応を表現するものとして、使われている。

『菊と刀』とは、ベネディクトが発見した、日本人の「しかしまた」という、一見相容れないようなものが共存する様子を表現する題名なのである。(注1)

ベネディクトはこのような、「しかしまた」の態度が可能であるのは、日本人の価値観が、キリスト教世界の道徳とは違った、あるときは儒教的な義務の感覚、あるときは日本の神道に見られる世界観によるからだ、と多岐にわたって説明する。そうした説明には、やや解釈が語義に頼りすぎて過剰な点がある。しかし、それらを取り除くと、中心は、ベネディクトの指摘する「ふさわしい位置」（一〇〇頁）という秩序感に帰着する。この「ふさわしい位置」が第二の重要な点である。

日本人にとっては自分の位置、ポジションに応じた働きをすることが生きる務めである、とベネディクトは考える。原理が行動の規範になるのではなく、現在の自分に与えられた世界――それはのち（第六章）に出てくる「世間」と言ってもよいのかもしれない――の秩序を維持する、変えないことが規範となる。そこで失敗することは、自分の世界＝世間を乱すことになり、自分をもふくむ世界全体を「お騒がせする」、申し訳ないことになり、それに対して自己責任をとろうとする。この責任はあくまでも行動原理に基づくものではなく、世間への行動のもたらした結果に対する責任である。自殺をもってわびるかもしれない。しかし、この責任は「しかしまた」、いったん失敗を認めることができたら、一度は確《しか》と決めた行動方針を、手のひらを返したように、「あれは失敗に終わった」ということで、別の道に進むことができる。失敗したのちに死ぬ人と死なぬ人、このまったく違った二つの道は、両方共、認められている。これがなぜか、ということは第十章の「人間」というレベルの説明、「理外の理」（本書二四八頁）につながる。

こうした大転換は、八月一五日を境に見られたことである。このことは特に戦争中に態度の表明を行っていた指導者層において、顕著に見られることになった。失敗の責任をとって切腹した人と、突然、懺悔《ざんげ》をして、民主主義者になってしまった人。上は大将から、下は学校の先生まで。この相容れぬ両極にいる二種類の人は、行為の表れとしては全く違う人であるが、ベネディクトの考えによれば、同じ人間集団の中の同じ「文化の型」の持ち主、と考えられる。「文化の型」理論には、いまでは厳しい評価が与えられるのがふつうになっているが、ここで挙げたベネディクトの「しかしまた」と「ふさわしい位置」の発見は、日本人理解にはいまもなお有効な観点と考えられる。

八月一五日というのりしろ

さて、ここで、『菊と刀』で示された一九四五年八月一五日以前の日本人から、それ以降の日本人に論を移す。

私が、この章で『菊と刀』と『敗北を抱きしめて』の二つを並べて日本人論として取り上げるのには、著者がアメリカ人であるといった共通性よりも、さらに深い理由がある。第一は、その扱っている時期である。前者が敗戦までの日本人を、後者が戦後の日本人を扱う、ということで対象は異なる時期に分かれている。しかし、この二冊を読むと、八月一五日をのりしろに、見事につながっている。そしてどちらも、今回述べる「臣民」という観点から日本人を描いているのだ。また、『菊と刀』は、敗戦後の日本人が自信を喪失し、マッカーサーに「一二歳の少年」と言われたことに過剰に反応した、「不安」の時期に読まれることとなった。『敗北を抱きしめて』の方は二〇〇一年に、学術書としては珍しくベストセラーとして広く読まれているのは、バブル経済の崩壊、あるいは「マネー敗戦」の後、日本の沈滞が長く続く、やはり「不安」の強い時期だからだ、と私は考えている。そうした点で、この二つの著作は、敗戦以来の半世紀を超える時間の、最初と最後に位置しているのだが、いろいろな点で似通い、そして照応しているのだ。

私には、八月一五日という日が、なぜか一年の真ん中だという気がする。真夏の中心、一年のエネルギーの頂上、その正午に昭和天皇はラジオで、戦争が終わったことを告げる。そのことによって、「戦後」という、全く違う時間が開始される。

そのラジオ放送の前には、永久に続くと思われた戦争で、もうすぐ死ぬはずだった自分に、天皇のラジオ放送によって生が与えられる。自分のだけでなく、女性であれば兵士である父の、夫の、息子の、家族の、友人の、恋人の死が生に変わる。終戦の詔勅を聞いて、私の母もふくめ、多くの妻が思ったことは夫が帰ってくるかもしれない、という期待だったと聞く。それまでの四年近い年月の中で、戦場においても、本土においても、その苛烈《かれつ》さを、実際にであれ見聞であれ知っていた日本人は、戦争は敗北でしか終わらないのではないか、と考えてはいても、それが実際にどのようにやって来るのかは、想像の埒外《らちがい》のことであった。それは、情報を入手し得てうすうす感づいていた者にも、ほとんど青天《せいてん》の霹靂《へきれき》のような感慨を与えたようだ。

天皇による真夏の正午のラジオ放送は、まさに「生の福音」であった。この肉声による放送によって、奇妙なことに、「戦争を始めた天皇」が「戦争を終わらせた天皇」に一変する。命を奪うはずの天皇が生をもたらすのだ。天皇の戦争を始めた「責任」は、戦争を終わらせた「功績」に取って代わられる。そして同時に、ラジオを聞いた一人一人の戦争に対する「責任」も、日本人以外のアジア人に起きたことがらも、同時に真夏の空気の中に蒸発したかのような効果をもたらす。この八月一五日を境に前後、二つの日本、二種類の日本人が出現する。では、大転換のトリックはどこにあるのだろうか。

天皇のこのラジオ放送に関しては、よく、戦争に「敗れた」と言っていないことが、敗戦をごまかすレトリックとして指摘されている。この詔書にも「時局ヲ収拾」とあって「敗北」の語は使われていない。たしかに、そのとおりなのだ。しかし、日清戦争と日露戦争に勝ったときも、文中には、「戦勝（捷）」という語がそれぞれ一回、あとは「勝」っておごるなと戒める文章の中に一回、出てくるだけである。勝ったときも案外、謙虚である。それは対外的な意味もあったろうが、大げさな言葉づかいをしながら、ぼかすところはぼかす、というのはトリックではなく、詔勅の基本レトリックなのである。

しかし、まさにその終戦の詔書に見られるレトリック、文章における論理のずらし方には注意すべきものがある。そこでは、戦いは不利であり、敵はますます残虐さを加え、このまま続けると日本民族も人類文明も滅びてしまう、ここで、人類のためにも「時局ヲ収拾」し、「将来ノ建設」のために新たな苦難の道を歩もう、そうでないと、「世界ノ進運」に遅れてしまう、とそう書かれているのだ。「日本の敗北」は「世界の破滅」という高次の課題に置き換わっている。しかし、問題は、この文章のずらしがいかに巧妙であれ、疲れきって、敵を殺しもしたが、身近な者や肉親を殺されてもいた人々が、なぜ、いまさらそんなまやかしに聞く耳を持ったかという点である。

ここにトリックといってもよい、ある仕掛けがあってこそ、八月一五日以前の日本とそれ以降の日本という、どう見ても百八十度方向の違う二つの世界が、ほんの一日という細いのりしろでつながるのだ。

玉音による新しい「臣民」の誕生

この放送が素晴らしい効果を持ったのは、先ず第一に、ラジオを通してであれ、それが天皇の肉声であったこと、第二に、呼びかけが「爾《なんじ》臣民」であったこと、この二点が重要である。

八月一五日以前に天皇の肉声を聞くような日本人はほんのわずかであった。それは、政治家、軍人、官吏のトップのものに限られていた。つまり勅任官、その中でも親任官という大臣や枢密顧問官、大将といった天皇の周りを固めていた、国家システムの中枢部の人たちだけであった。それがこのラジオ放送では、天皇は録音とはいえ肉声によって、一挙に何千万という一般の人たちに向かって語りかけたのである。その「玉音」がどんなに、奇妙な声で聞き取れなかったとしても、いや、むしろ整った声より、その異様なすり切れた祝詞《のりと》のような声の方が、まず「つかみ」となり、心に食い込む力を増したかもしれない。天皇の放送の後に、じつは、アナウンサーが詔書を要約、解説をしたという事実があるのだが、終戦の詔勅のラジオ放送に関する人々の「思い出話」に、私はそのことを読んだことも聞いたこともない。天皇の肉声に昂《こう》奮《ふん》して、次のアナウンサーの声などどうでもよかったのではないだろうか。ルーズベルトやヒトラーには大分遅れたが、日本では、この天皇によるラジオ放送が、メディアを高次に使いこなした歴史上最初のプロパガンダだったと言えよう。

次に重要なのは、肉声で語りかけたのが「爾臣民」であったことだ。明治以来の詔書や勅語では、語りかける相手は「忠良の臣」であったりもするのだが、一般の日本人である場合は、多く、「汝有衆」か、「爾臣民」が使われる。「有衆」は語義としては、臣民と似た意味の、国の民ということである。しかし、この二つは使われ方の上で違いが見える。たとえば、関東大震災直後の人々への励ましの詔書や皇紀二千六百年を祝う詔書では、「爾臣民」となっている。明治の教育勅語などでも「爾臣民」が使われている。一方、日清・日露の宣戦と終結の講和では「汝有衆」が使われている。そして、一九四一年一二月八日の対英米への宣戦でも「汝有衆」が使われている。ところが、その戦争が敗戦に終わったときには「爾臣民」と呼びかけているのだ。

つまり、一般の日本人に、震災で大変だねとか、こういうことに努力しなさいといった、やや「親しみ」をこめた、一歩近づいたアプローチをする場合は、「爾臣民」

を使い、戦争が始まったから、みんな精一杯頑張るように、というときは「汝有衆」が使われていると読める。そうしたことが過去にあって、そのうえで、この終戦の詔書は「爾臣民」となっているのだ。詔書が成すことは、ただ負けた、という報《しら》せだけでは足りなかったのだ。敗戦を納得させて武器を捨てさせなければならない。しかし、あまり「敗」戦に気落ちし過ぎないようにしなければならない。国家建設にやる気を起こさせなければならない。そこで、関東大震災の災害時と同じく、明治国家建設の教育勅語と同様に、「爾臣民」と呼びかける必要があった、私はそう考える。

加えて、この詔書で目立つことの一つに、民族の滅亡と人類文明の破却があれば皇祖高宗の霊にどうやって謝ればいいのか、というくだりがある。家を潰《つぶ》したら先祖に申し訳ない、は分かるが、人類の文明を破壊したら先祖にというのは、おかしい。いや、おかしいというよりは、むしろ、前段に人類を置くことで、後段の家の先祖に謝ることを私事にせずに公事にしているレトリックであると考えられる。それほど、昭和天皇は、天皇家のその時点での継承者として、自分のところでこの家を潰してはいけないという意識を非常に強く持っていたと思われる。そのためにも、天皇が中心の「国体」に対し革命など起こさせないように、天皇のもとに引きつけて、国家建設に奮い立たせようという、二重の目的を持つ、みごとなプロパガンダであった。

そして、この呼びかけがラジオを通して行われた、ということは画期的であった。臣民の英語における対応語の subject とはもともと、絶対的な王権のもとに服従する民のことである。ただし、王には一方的な服従の位置に置かれながらも、臣民のあいだには平等性が確保される。ところが、明治憲法下の日本人には、明らかに国家にとっての存在の軽重から来る「国家階級制」とでも呼ぶべきものがあった。「臣民」といっても、それが中国の儒学にあった二つの語「臣」と「民」の、日本における合成であるように、天皇を中心とする同心円上の構造の中で、一般の日本人は、先に述べた天皇を取り巻く人たち、「臣」である「一級臣民」に対して、「民」である「二級の臣民」として外側の円環の中にいたのだ。その二級の人々が突然、ラジオによる「玉音」で、臣を飛び越えて「爾臣民」と呼びかけられ、「無辜《むこ》（の民）」として「殺傷」、「惨害」を受けていることを天皇に同情されたのだ。ここに、二級の臣民は敗戦によって、初めて天皇と直接つながる「臣民」となり、逆説的に、天皇制は存亡の危機を迎えたときに、初めて日本人すべてを subject（臣民）とする体制を取ることができたのだ。

「抱きしめた」のは？

『敗北を抱きしめて』は、そのラジオ放送を聞いた後の日本人が、敗北をどう受け止め、民主主義をどのように受け入れていったかを描く。ダワーは、日本人は敗北に絶望することも逆上することもなく、「平和と民主主義という理想は、日本に根をおろした」（上六頁）。しかし、その理想は「しばしば不協和音を奏でる様々な声となって現れ出た」（上六頁）と書く。このことは日本人を臣民（subject）というモデルでとらえるときにはよく分かる。subjectという言葉は、その存在のありようが持っている、王から何かしてもらうことで自分たちの安全と繁栄を図るという、受け身的な態度がその内容である。その受け身的なところが、「平和と民主主義的な理想」が根づいた理由だということになるだろう。

しかし、subject（臣民）とは、絶対王政下の人々のことである。「民主主義下の臣民」というあり方とは、原理的に不協和音が生まれざるを得ないのだ。ではなぜ、民主主義が現実というよりは理想のかたちで上からおろされてきたときに、この臣民であることと、主体的に自分たちの社会の政策を決定していく民主主義的原理とのあいだの、原理的不協和音が亀裂とならなかったのであろうか。ここには、その亀裂に政治運動の梃子《てこ》を入れて社会の改変を図る「左翼」の勢力に対して、昭和天皇のなりふり構わぬ獅子《しし》奮迅《ふんじん》の働きがある。具体的には八月一五日のラジオ放送から始まる、一連の、天皇からの臣民へのアプローチである。

まず、一九四六年一月一日に、天皇は俗に「人間宣言」といわれる詔書を発する。それはすぐに新聞に載り、人々は天皇は現人神《あらひとがみ》にあらず、と知らされる。正確には、それを天皇が認めたという事実を知ることとなる。天皇は、彼と臣民の結びつきは「単ナル神話ト伝説トニ依」るものではない、信頼と敬愛に基づく、と、やや一方的にそれも性急に人々に迫ってくる。こうした詔書の起草が、天皇の周りのさまざまな人々や政治組織の思惑から出て来たとしても、非常事態に、直接日本人にアプローチしようとした天皇の意図と、彼の政治に関する勘の鋭さがうかがえる。この詔書の最後は「朕ノ信頼スル国民」と締めくくられる。まだ民主憲法以前の明治憲法下なのに「国民」!

そして、天皇による巡幸が日本中——といっても沖縄は除かれているが——で行われる。じつはこれは彼にとっては二度目の全国ツアーの体験である。最初は大正天皇の摂政の時代に、このときは沖縄をふくむ全国の道府県、台湾、樺太まで回っている(原 二〇〇〇 二五二—二五四頁)。そのことは彼の心の中で、皇太子時代の英国訪問のときに見た、英国王室と国民との距離の近さがモデルとなっていたに違いない。むしろ天皇になってからそうしたことは気軽にはできず、与えられた「神格化」された役割は彼自身不満であったかもしれない。ラジオ放送から、人間宣言、全国巡幸、これは昭和天皇にとっては自らの思想の実践活動であった。臣民・民主主義の本質的不協和音が亀裂とはならずに来た理由の一つとして、天皇の側からのこうした働きかけがあったのだ。

こうしたことは何も、新たに臣民となることができた「民」だけでなく、戦後になっても「臣　茂」、「臣　葵」と署名した、首相や外相となった吉田茂《よしだしげる》や重光葵《しげみつまもる》たちも、戦前同様の一級臣民の意識を保持しながら、アメリカが指導してくる民主主義を受け止める側に役割を見出すことができたのだった（重光に関しては、下一八―二〇頁）。また、全く逆の立場の指導者であった共産党の野坂参三《のさかさんぞう》でさえ、一九四六年の五月のある集会で、人々の「要求を直接天皇に持っていく以外にないと、驚くべき発言を行った」（上三五五頁）ことをダワーは記す。

この戦後の臣民の誕生についてはもう一面を述べなければならない。それは『敗北を抱きしめて』で見事に活写されている、マッカーサー元帥の役割である。臣民民主主義が立ち上がるときに彼も大きな要素となった。彼がパーソナリティとして、また実際の振るまいでも「帝王」のようであったこと、また日本人が彼を「我らの父」（上三〇九頁）のように遇したことが、敗北した日本人の間に起動した「臣民」モデルにぴったりであったのだ。昭和天皇・マッカーサーのコンビは、かなり強力に臣民を作り出したと言えるだろう。

かくして、『菊と刀』で描かれた臣と民は、天皇のラジオ放送により「臣民」となり、「民主主義を約束する権威主義的な支配という逆説」（上三〇二頁）、すなわちマッカーサーと天皇という権威によって臣民に平和憲法が与えられた。ダワーは、そのとき日本人はただそれを戴くのではなく、「抱きしめて」自らの民主主義とした、と考える。しかし、その新しい憲法の中では、人々は、people の訳語、「国民」と呼ばれたのである。ここにある構図を、国民と臣民という言葉で考えれば、天皇＝マッカーサーが人々にその詔書で、平和憲法で「国民」と呼びかけたとき、人々の方は、天皇には巡幸の沿道を歓迎の人波で埋めることで、マッカーサーには彼の郵便受けを何十万もの手紙で満たすことで、「臣民」として応答したと言えるだろう。

この臣民的な態度は、現在の日本人の中にも、細いが、切れない流れとしてまだ見出せる。直接的には、天皇に対する異様な感情としていまに存在する。それはなにも年始の参賀のときの日の丸をうち振る様子といった、表面的な行為を指して言っているのではない。それよりも深く広く、無意識に沁《し》みわたっているものがある。それは、天皇なしの日本国家には、何らかのマイナスがもたらされるであろうという、理由ははっきりしない、天皇の存在に対する消極的な肯定の感情のことである。政治は社会における価値と理念を現実化する共同的な生存の技である。その政治にある一つの条件、「天皇」が所与のものとして、議論の対象にならずに最初から入っているとしたら、それは合理的におかしい。それがおかしくないのは、その政治のもとにある人々が、最初から自らを「臣民」と考えているときだけなのである。

注

(1) しかし、ここは留保を付けておいた方がよいだろう。相反するような価値観と社会的態度が見出される人間集団は珍しくはない。日本だけではないのだ。しかし、英語で書かれた『菊と刀』の第一義的な読者であったアメリカ人にとっては、日本だけが近代国家の中で、非西洋社会として、より「分かりづらい」国家であった、という事情がある。それゆえ、ベネディクトの描写と解釈は、「文化の型」を探索するのが彼女の方法論ではあっても、やや類型化が強い。もとより、「分かりづらい」のはお互いさまである。たとえば日本人は、アメリカ人の中に、開かれた対話による理性的解決と、信じる価値観に基づく短絡的判断、つまり「粘り強さと性急さ」という、二つの相反する傾向を見出して首を傾《かし》げることがある。しかし、問題は、その二つが社会の中でどんな関連を持っているかを見出すためには、その二つだけ考えていてはだめだ、ということだ。社会全体の中で、その二つがどのような位置にあって、どのように他の要素と複合しながら存在しているかを検証しなければならないのだ。それが文化人類学の「全体論的アプローチ」という方法である。

第五章　国民──明治憲法による天皇の国民

滅びる日本を憂うこと

司馬遼太郎《しばりょうたろう》は一九八六年から「この国のかたち」と題して、『文藝春秋』に巻頭エッセイの連載を始めた。司馬、六二歳、亡くなる一〇年前であった。時はバブル経済の最終段階、いろいろな指標は、たしかにジャパン・アズ・ナンバーワンであったが、司馬の筆調はいつものように澄んではいても、日本を描いて、暗い。その連載のトーンを決めるような第3回は、夢幻能のように始まる。浅茅《あさじ》ケ原《はら》で「巨大な青みどろの不定形なモノ」に出会うと、そのモノ、「鬼（異）胎」は、自分を「日本の近代」だと名乗る。そして、正確には、一九〇五年、日露戦争の勝利から一九四五年、敗戦までの四〇年間のことだと言うのである。幕末から一九〇五年までの、成功した明治国家のあとに、その、鬼のような得体の知れぬものが生まれ、一九四五年の敗戦で潰《つい》え去る。司馬にとってはそのあとにやって来た戦後は、「ガラのわるさ」（同書〈以下略〉第8回）で江戸後期の日本の近代にも通じるもの、愛すべきものである。

それと引き較《くら》べ、明治と戦後の間の四〇年間、それだけが、まるで日本ではないようで訳が分からないとして、司馬は考察に入るのだ。

司馬は、敗戦のときに訳が分からなかった二三歳の兵士であった自分自身に向けて、その無謀な戦争の理由に答えを探そうとしてこのエッセイを書いたという。じつは彼の作品全体がそうしたものだった。しかし、明治維新から四〇年過ぎて、その後四〇年の「調子狂い」の時期となるのだが、司馬が『この国のかたち』を書き始めたのも、戦後四〇年過ぎたときであった。私には司馬が、ただ昔のことについて疑問を解こうとしてこのエッセイを書いたのではないと思う。この連載が始まってから数年後に起きるバブル崩壊の日本を怖れの予兆の中に感じ取り、同時にそれに気づかぬ人々へのいらだちの感覚を持ちながら、さらにはそのあと四〇年続く調子外れの時代ののち、日本全体が再び大崩壊するのではないかという警告として筆を起こしたように思えるのだ。この司馬の日本論もやはり不安の、それも先取りの中で書かれたと言えるだろう。

その司馬が言う日本のターニングポイント、日露戦争の勝利の年である一九〇五年に夏目《なつめ》漱石《そうせき》は本格的に小説を書き始め、『吾輩は猫である』から『明暗』までの小説群を、その後わずか一一年間で書き残したのだった。その中でも、一九〇八年の『三四郎』は日露戦争後の青年の姿を描いた「戦後小説」である。勝利のあとにその代償が小さいことへの不満、達成感から来る虚脱、それでいて新しく設立された満鉄の九万九〇〇〇株に一億株分を超える応募があるといった、つまり不安と高揚のただ中の、そんな時代に三四郎は上京する。その小説の冒頭、東京への車中で、のちに「広田先生」として現れる男性に出会い、三四郎が日露戦争後の日本について「然し是からは日本も段々発展するでせう」と言うと、一言、「亡びるね」（全集5二九二頁）と、がつんとやられるのだ。この広田先生の言葉は、大変に有名である。日本のそれからを言い当てたものとして、漱石の先見《せんけん》の明《めい》が言われる。なるほど、これは司馬遼太郎の「鬼胎の四十年」の始まりであろう。そのことに気づいていた人もいたのだ、と。しかし、この言葉一つだけではなく、『三四郎』全体は、東京帝国大学の学生たちと、当時の女性、知識人を描いて、明治国家の最も生き生きとした描写となっている。そして、それは『それから』、『門』、『心』とつながり、明治国家が生み出したはずの「国民」からはやや外れた姿を描いていくのだ。

司馬と漱石、この二人の日本人論から国民を見ていこう。

「国民」の前身としての幕末浪士

私は生前の司馬遼太郎を一度だけ見たことがある。三五年ほど前、ある講演会に来た司馬はすでに白髪であったが、とても若々しい印象を与えた。快活な口調で、幕末の青年武士の話をした。……あるとき青年二人が口論になった。激して「おまえは死ねるか」と一方が言うと、片方が、「死ねるとも！」と言って、すぐさま路のかたわらの軒端の下に座り、腹を切った、というのだ。「こうした異様なことが」と、司馬はほめているのではなかったが、ある種の愛《いと》おしさを込めて、「起きた時代、それが幕末であり、これが幕末の青年たちでした」といったことを話したのだった。

司馬の『この国のかたち』は、スケッチ集である。もう小説やまとまった文章にはできない考えや思いをヒントや短い指摘のかたちで残そう、という思いで書いたものと読める。いろいろな時代に話はぽんぽんと飛ぶが、それぞれの話は磁力を持っているように、ある定まった方向を指している。日本が明治に至って近代国家となること、それへ向けてどのようなことが起こり、どのような努力がなされ、それにはどのような人々が関わっていたかということ、司馬はそうした近代へつながる水脈を見つける作業をしている。

たとえば、「室町の世」（第74回）。ここで司馬は、能楽や庭園、行儀作法といった日本文化の源流が室町時代にある一方で、政治は、と眼を転じ、赤松満祐《あかまつみつすけ》という男が、足利《あしかが》将軍が策略を弄《ろう》して権臣たちを自分の意のままに動かそうとするのに対し、腹に据えかねて、六代将軍である義教《よしのり》をだまし討ちにした、という話を書く。そして、末尾を、「異様だったのは、満祐が悠々と京を退去したのに、これを討とうとする大名が一人もいなかったことだった。一四四一年のことで、室町というのがどういう時代だったか、この一事でもわかる」と、結んでいる。すなわち、この政争にあるのは個人間の恨み、男色、だまし討ちという世界である。すでに日本文化ができていても、政治システム、国のかたちはまだきちんとできていなかったというのだ。それが文化システムに大分遅れてできあがるのは、江戸になってからだ、と。しかし、その江戸期の政治システムでも、「国」とは各藩のことで、「日本」ができるためには、その藩を超えた観念、「国家」に人が気づかなければならなかった、とつなげていくのである。すべてはこうした、司馬らしい、意表をついて、それでいて嫌味ではない調子で書かれる。

江戸期のシステムについて、司馬は彼一流のレトリックで、「三百ちかくあった藩の……この多様さの面のみ音量を上げてみると、江戸期は日本内部での国際社会だったのではないかとさえ思えてくる」（第14回）と表現する。このとらえ方からすると、先述の、切腹した青年浪士などは、脱藩、いわば国外亡命した身一つの存在ということになり、そうした人間が藩の垣根を倒したということになる。司馬が小説で描く幕末の青年浪士たち、坂本龍馬《さかもとりようま》、高杉晋作《たかすぎしんさく》、村田蔵六《むらたぞうろく》、いずれも明治維新前後に亡くなり、明治国家における活躍はなかったのだけれど、すでに「国民」であった、というのが司馬の考えである。そして、司馬が好きな歴史上の人物の一人、高田屋嘉兵衛《たかだやかへえ》という海運商人は、時期は幕末より少し前であるが捕らえられロシアに渡り、ロシアという国家に対し、一人で「日本国民」を生きた人と言えるのだろう。まとめてみれば、次のことが言える。司馬の考える「国民」は、外圧がきっかけであれ、この国に自生した。そして、それを生み出すエネルギーは長い歴史の中で、江戸時代の後半には、すでに蓄積されていた。

文明の配電盤からのドロップアウトたち

明治維新というのは一八六八年に起きたことになっているが、そこに生まれたとされる「国民」はその前から準備されていた。廃藩置県による藩（古い「国」）の垣根の取り払いはそうした国民創成の流れを加速させた。しかし、国民は明治維新の前からあったとすれば、逆に、明治になってもまだ幕末の武士の意識が残っていたと考えてもよい。それが司馬の認識である。その日露戦争まで続いていたとする意識とは、たとえば軍や戦争というものに対して武士が持っている「リアリズム」だ、と司馬は言う。そのリアリズム――それは江戸の商人や、第二次世界大戦後のビジネスマンが持っていた経済における現実感覚と同じことであるが――が失われて、調子が狂うのが日露戦争以降の四〇年、それを支配していたのが軍人エリートによる参謀本部と「統帥権」というのが司馬の昭和史観である。

その見方はうなずける。それくらい、いま振り返ってみれば、日露戦争を境に国家としての歯車が狂ってくるのだ。しかし、そうならば、一点考えてみなければならないことが出てくる。その「鬼胎の四十年」、ことに昭和の最初の二〇年を動かしていた人々は誰かということだ。降って湧《わ》いたのではない。同じ日本人、それも司馬が言う、健康な明治国家が生み、育てた人々、三四郎たちなのだ。なぜ、健康な体制の明治世代から不健康な体制、鬼胎が生まれたのか、これは司馬史観の難点である。ありうる答えは、事を起こした初代から、二代目、三代目となると、次第に事の本質、苦労が分からず、驕《おご》りが生まれる、というものであろう。本当にそうなのか、そんなに単純なことなのか。それを考えるのに漱石の小説に登場してくる「二代目たち」を見てみよう。

漱石自身は、一八六七年、まさに明治維新への変わり目に生まれ、幕末の志士には二〇年遅れ、昭和の「調子狂い」の世代からは二〇年早い、その双方を見る位置にいた。漱石の小説の中で、『三四郎』から始まる三部作といわれるものの主人公たち、三四郎、代助（『それから』）、宗助（『門』）は全員、明治二〇年前後の生まれで、日露戦争後に青年期を迎える世代である。前の二人は東京帝大の、あとの一人は京都帝大の卒業生だから、生きていれば働き盛りであった昭和の最初の二〇年に、国の指導者として「調子狂い」の片棒をかついでいてもおかしくなかった人々である。

司馬は、『この国のかたち』（第62回）と、岩波の漱石全集の『三四郎』の巻（第五巻）の月報で、「文明の配電盤」という卓抜な形容を使っている。「東京帝国大学」が、西欧からの文明を日本各地に流す配電盤の役目を果たしていた、というのである。つまりそこの卒業生自体が、電気となって、いろいろな地方、いろいろな分野に分流され、文明の光となって、日本の隅々まで照らし出した。彼らは、建設された国家の、まさに中心となる「国民」だったのだ。国家の未来がどうなるかはこうしたエリートの国民を頂点とする、国のために仕える人間たちの働きにかかっていた。

そうした若きエリートの一人、三四郎は、上京して東京帝大に入ってから自分の世界が三つに分かれていることに気づくことになる。第一が郷里に残してきた「明治十五年以前の香《か》」がする古い世界、第二が学生たちが生息する、「苔《こけ》の生《は》えた」、「積《つも》つた塵《ちり》」の、変わらない世界、第三が銀匙《さじ》とシャンペンと美しい女性のいる華やかな俗世（三六三―三六六頁）。これが日露戦争のアプレゲール青年を取り囲んでいた世界であった。彼はこれらを前にして、微笑《ほほえ》ましくも、「要するに、国から母を呼び寄せて、美くしい細君を迎へて、さうして身を学問に委ねるに越した事はない」（三六五頁）と結論づけるのだ。このあたりのほほえましさ、のほほんぶりは、現在の、一〇〇年後の東大生も変わらないところがあるのだが、この夢は、美しい美禰子さんに振られることであっけなく潰え去る。この失敗の結末のあと、三四郎はどうなったのだろう。再び、もう少し「ふつうの」美しい人に巡り会って、当初の方針を完遂するかもしれない。しかし、『三四郎』の末尾の有名なつぶやき「迷　羊《ストレイシープ》」は、この時代の青年の前途に迷う気持ちを表しているとすれば、その後の人生はそう平坦《へいたん》ではなかったと考えざるを得ない。

漱石は、『それから』では、三四郎の「それから」の一つの可能性、つまり親のすねをかじって、何をするともなく日を送っている帝大卒の青年、代助を描く。彼の父は幕末を青年として過ごし、成功を収めた国家的な人物で、言ってみれば明治の建設にあずかったヒーローである。彼の兄も学校を出たあと素直に父親の会社で働いている国家的な二代目エリート。代助だけが中途半端な状態で、周りからは何を考えているか分からない人間と思われている。そうしたモラトリアム的生活の挙げ句、最後に代助がしでかすのは、友人の妻と愛し合うことであった。それを機に、彼は、エリート国民としての道を自ら閉ざすことになる。

『門』ではそうした世捨て人のような、夫婦が描かれる。季節の移り行きしか変化が訪れないような暮らしをする二人。この宗助に『心』の「先生」をつなげることができるかもしれない。世代としては、三四郎、代助や、この『心』の語り手である「私」より前になるが、他人の愛する人を奪った「先生」は、明治天皇の崩御に、「明治の精神が天皇に始《はじ》まって天皇に終《をは》つたやうな気《き》がしました」（全集9　二九七頁）と感じ、乃木《のぎ》大将の殉死に動かされて、死を覚悟するのである。日露戦争後、漱石が朝日新聞の連載小説で描き出したのはこうした、明治の文明の配電盤上からのドロップアウトたちだったのである。

漱石の「国民」を読む国民

ここに二つの視点から光を投じたいと思う。

一つは、漱石がはっきりとその小説の中で、明治国家の行方のなさを指摘していることである。これらの小説群には、日露戦争後の不況による自殺、汚職、犯罪、伊藤《いとう》博文《ひろぶみ》の暗殺、幸徳秋水《こうとくしゅうすい》への言及など、当時のさまざまな事件が織り込まれている。漱石は、言ってみれば三作とも三角関係恋愛小説であるこれらの中に、そうした時事問題を随時織り込むことで、社会に対する皮膚感覚を失っていない。これらの漱石の作品は新聞の連載小説であるから、紙面の上でそうした社会情勢や事件によって取り囲まれて載っていたのであるが、恋する男女という閉じた空間の出来事としてではなく、登場人物たちが変動する社会情勢に取り巻かれ、行き惑うさまとして描かれているのである。それは、その後の四〇年の調子狂いに乗らなかった国民、とりわけ『それから』と『門』の場合はエリートたちの、自らドロップアウトする描写であった。三四郎の「迷羊《ストレイシープ》、迷羊《ストレイシープ》」のように、代助も小説の最後に「ああ動く、世の中が動く」と声をあげて言う。いずれも自分自身の未来の占いである。先に挙げた広田先生の「亡びるね」を、それとの関連で考えれば、『心』の先生もふくめ、漱石の小説の主人公たちは、エリートとしての自分を意識したときに、自らがエリートとして亡びる国に身を投じるのか、または、ドロップアウトして自ら亡びるのか、という選択に迫られているという図式の体現者であった。

もう一つの視点は、これらを読んでいた国民である。彼らは漱石の小説を読むことのできる知識階級である。彼らは役所に出かける前に、また大学の図書室で、そして、ひょっとすると軍の勤務の合間に新聞を読んでいたことだろう。紙面には、国家に関する危機と栄光を伝える事件が載っていたかもしれない。そのとき、別の面に載っている漱石の小説では、陋屋《ろうおく》にひっそり住む男が、縁側で寝ころんで、「近」という字、「今」という字が「分《わか》らないんだ」（全集6『門』三四九頁）と妻に言うのだ。こうした、国家の進歩にとって、最も重要な、「近」、「今」という時間概念に関する感覚の欠如した、社会からじりじりと後退するだけの男の物語が、多くの人に読まれていたというのは、司馬が言う「四十年」を考えるのに重要なことではないだろうか。

国民作家といわれた漱石が提出していた国民像が、やはり国民作家と呼ばれる吉川《よしかわ》英治《えいじ》のように自らを鍛え上げようとする宮本武蔵《みやもとむさし》ではなく、また司馬遼太郎のように未来を生み出そうとする幕末の志士でもない、配電盤からドロップアウトした「国民」であったこと、そして、それがよく読まれたという事実、それらは、「四十年」が、決して司馬が言う、日本とは思えない「別国」（第81回）であったとは片づけられないことを示している。明治の四〇年に続く大正・昭和の四〇年は連続したもので、決して参謀本部とそれに従う自動人形だけでできた国ではなかったのだ。漱石の読者は少なくとも、国の方向への疑いとその国の中で自分をどのように位置づけるのかについてを認識していた。

しかし、漱石の読者が、たんに、ドロップアウトしようとしてできずに、小説の中だけで憂さを晴らしていた、という簡単なことではない。読者は、小説の主人公たちの明瞭な図式を読みながら、それとは違う方向感のなさを生きていた。言い換えれば、漱石の読者は、自分が一国民として配電盤の電流の基幹であれ末端であれ、それに属していると思っているとき、彼らに与えられた日露戦争の達成感のあとの「高みにある不安」は、ドロップアウトするかどうかという、二者択一の選択として迫られるものではなかった。先に挙げた漱石の三部作の一つ一つは、いずれも最後は、何も決められない主人公の心境で終わっているように、「迷羊《ストレイシープ》」のごとく、割り切れない問題を抱えた不安であったはずだ。この割り切れなさが、西洋のもたらした「近代」に由来していることは第一部で述べた。もちろん日本の「近代化」はある意味で成功したと言えるし、日露戦争の勝利の段階で、日本は対外的に強国となっただけでなく、その後の「調子狂いの四〇年」の前半には、「大正デモクラシー」や都市的生活の勃興もあったのだ。しかし、そのデモクラシーや都市生活を支えるために不可欠な、個人的な自由と権利が保障される「市民社会」というのは、日本の国家的な制約の中では育つことは困難であった。とすると、日本で進行していた近代化は、まるまる西洋流の近代をもたらすのではなく、かといって、日本独自の「もう一つの近代」と主張できるものを作り出すのでもなかったのだ。

つまり、ここに挙げた『三四郎』から『心』までの四冊の小説の主人公たちは、第二章で論じた明治の日本人論を問題とした人々ではなく、むしろ、第三章の昭和の日本人論で論じられた「難問」を先駆けて感じ取っている人たちとして、漱石によって造形されたのだ。彼らには、すでに成功の後の方向感の喪失が始まっていた。司馬の言う「坂の上の雲」である。日露戦争までの、「当面」目指す目標が、その勝利の獲得によって、かえって失われたのだ。しかし、それに代わる長期的な社会のビジョンはない。漱石の小説が示す迷いや割り切れなさはそうした時代状況から来ている。その小説世界では一つの作品で迷いを持って終わった主人公は、次の作品ではある決断を済ました者として現れ、彼らはドロップアウトした異端者として生きる。

しかし、読者の方ははっきりとはドロップアウトせずに、近代化された国民であることと、それへの割り切れなさとのあいだで「普通人」として生きていた。それは、上半身は西洋近代の国民でありながら、下半身は次章で論ずる「世間」のしがらみに足を取られている存在ともいえよう。漱石の作品では、『道草』の健三がそれに当たる。また、漱石自身、帝国大学の職を捨てて朝日新聞社に身を置いたことは、ドロップアウトした「異端者」のようにも見えるが、彼が代償として得た安定した収入と勝ち得た名声は、彼の「世間」への配慮から生まれたものであり、その点では、彼の読者の多数を占める「普通人」であった。ドロップアウトした人物を描いた漱石の小説が、彼の死後も次第に国民文学として広く読まれたのは、そうしたある種の「アンチ・ヒーロー」である登場人物に対する、読者の「共感」によってであったろう。

彼ら、その中でも、「鬼胎の四十年」を直接に担った明治生まれのエリートたちは、長期的には方向の定まらぬままに国家を経営していたといえよう。そのとき、彼らが考えていたのは、遠くの目標（たとえば「坂の上の雲」のような）ではなく、「現今の世界情勢」という、目前の刻々と移り変わる状況であった。その変化に場当たり的に対応し続けた結果が、司馬が嘆いた「おろかな」「別国」だったのだ。このドロップアウトしなかったエリートたちについては、第十二章で「司馬問題」として再び論ずる。

ここにあるのは、簡単な問題ではない。私たちが、過去をみはるかす地点から、そのアドヴァンテージと共に断罪すればすむものではない。すでに第一部で述べたように、日本にとっての課題は、日本にとっての近代化とは何か、その理念と方向はどこに見出せばよいのか、ということであった。私の日本人論の語彙で語れば、日本人としての近代の中におけるアイデンティティを獲得すること、であった。明治の初代がパイオニアとしての特権によって、着手しやすい外側の近代化を物質的に果たした後、二代目は、日本という社会の内面の近代化の理念と方向を探し出さなければならなかった。

『旅愁』には、明治以来こんなに若者が考えなければ、つまり悩まなければならない時代はあったろうか、とのくだりがあった。国家に尽くすか否かとの選択が迫られたとき、その国家が自分が考えるような国家でないときどうすればよいのか。それは国家に尽くすのではなく民族に尽くすと考えればよいのか。また、戦争は西洋に対する抵抗であり、かつ東洋の解放と考えることで正当化できるのか。こうしたときに対する答えは、明治以来八〇年かけても見出せなかった。しかし、その日本に与えられた宿題は、じつはいまなお果たされていない。

臣民という身分と国民という機能

さて、こうして論じた「国民」は前章の「臣民」と対になっている。この二つの章のタイトルに関して、おそらく読者が最初に感じられたことは、臣民という古めかしい言葉で戦後の日本人を論じ、国民という言葉で明治の日本人について考えるのは逆ではないか、ということであろう。それは私がこの二つの言葉によって二つの時代を際立たせるために取った視点であった。じつは、日本人のモデルとして、この国民と臣民は二つ共に、明治以来、ずっと日本人の間に存在し続けているのだ。

司馬が言う国家意識を明治に向かって準備していた志士たちは、天皇を担ぎ出すことで藩の垣根を取り払い、身分制をうち破って、国家に尽くす人間を作り出すことができることに気づいた。そして、臣と民を合わせた臣民という概念によってそれを果たそうとした。天皇のもと、臣民として、士農工商の身分の違いはなくなるのである。しかし、臣民とは天皇に対するもの、国家に対するには国民という言葉が当てられる。臣民が、身分、資格であるならば、国民は、機能、働きだといえよう。ダワーが「戦時中、『国民』は宣伝用スローガンのなかでよく使われた言葉で、『日本人』や『大和民族』と本質的には同義語であった」（下一六二頁）と指摘しているのは同じことを言っている。受け身で静的な臣民に対し、国民は、上昇志向という点での積極性をふくんで、国家に尽くす人間という意味で使える。非国民、というのは国家に対する心構えと行動の点で欠けるところがあるという叱咤《しった》、難詰、差別として使われたが、非臣民、という言葉があったなら、それは身分上のカテゴリー分けの問題となるだろう。たとえば「植民地」の人間は臣民ではない、というような。いずれにせよ、その二つの言葉が都合よく使い分けされているとき、政治のレベルで人々を「国民」と呼んだところで、近代的な国民国家の成熟した国民がそこに意味されているのではないわけだ。

さて、今日の日本人はどうだろうか。昭和憲法でpeopleの訳語に国民が当てられた話はすでに述べたが、そのとき、もちろん明治憲法の用語である臣民が退けられたのは当たり前である。臣民を国民にする理屈として、臣民には天皇はふくまれないが、国民ならば天皇もその内に入る、という解説がのちにあったそうである。国家一体となって、困難にあたるというとき、天皇もその中に加わるポーズを示す言葉となったというのだ。

しかし、事態は、マッカーサーが去り、生活が安定するとまた変化する。天皇、またはは天皇の周りの保守主義者たちは、天皇を再び、国民から離して、ベールで包み始めるのである。臣民として、天皇に向かったエネルギーは、行き場がないまま、また、当然に「臣民的なるもの」を非民主主義的として批判することも常識となり、そうした臣民性は現れる機会を、皇太子の結婚などでは物足らず、昭和の終わりの天皇の病気と死まで、得ることがなかったのだった。

では、いまそうした臣民性は、なくなってしまったのだろうか。私はそうは考えな

い。それは、日本人がいまや複数のモデル、複数の顔、複数の位相で生きる人たちだ、ということに関連してくる。(注1)

「臣民」というモデルも、ただ皇室に対する「受動的」な態度表明につながるとは考えていない。たとえば、二〇〇一年以降の「小泉人気」といったものの中に、敗戦後のマッカーサーに対すると似た、なにしろ思い切ってやってくれ、という「能動的な受動性」、別の言葉で言えばある種のポピュリズムの中に、臣民モデルは現れる、と考えている。むしろ、この長期不況の現在、政界、経済界挙げて、喚起しようとして盛り上がらないのは、国家利益に向かって行動を起こそうとする「国民」モデルの方ではないだろうか。臣民的なるものの統治されやすい性質と、国民的なるものから生まれる献身、努力との組み合わせによって戦前の富国強兵と戦後の経済復興・大国化を成し遂げてきた日本が、いま立ち止まっているのはその二つの組み合わせが、もはや効かなくなっているからであろう。

こうしたときに必ず出てくる、そしていま、グローバリゼーションによる経済と文化の国際化の中でとりわけ強く提出されているのが、「自立した個人」と「市民」というモデルである。それが次章のテーマである。

注

（1）このことに照応することとして、ダワーは、「……実をいうと、『日本』でさえ存在しません。逆に、私たちが語らねばならないのは、『日本文化たち』Japanese cultures』であり、『日本の伝統たち Japanese traditions』なのです。私たちは、『日本たち Japans』と言うべきなのです」と述べている。（『敗北を抱きしめて』上、一三—一四頁）

第六章　「市民」――タテ社会と世間

日本人が生きている世界

前章では、国民を論ずる中で、その代表選手であるはずの東京帝国大学卒業生が、友情と女をめぐる三角関係に苦しんだのち、自分から国家に貢献する「国民」の立場からドロップアウトする様子を、漱石の小説から引いてきた。そして、そうした小説を読む読者の方も、たとえ彼ら自身はドロップアウトはしない立派な「国民」だとしても、漱石の主人公たちの持つ不安や割り切れなさに共感したのだ、と述べた。そうした世の中との軋轢《あつれき》というのは、漱石の小説では、『吾輩は猫である』以来のテーマであり、『道草』などで顕著なように、漱石自身も実生活の中で苦しんだということはよく知られている。

この「世の中」というものが何であるか、それを追究しているのが歴史学者の阿部謹也による一連の仕事である。それは、『西洋中世の愛と人格――「世間」論序説』（一九九二）、『「世間」とは何か』（一九九五）、『学問と「世間」』（二〇〇一）、『世間学への招待』（編）（二〇〇二）といった本の中で、「世間」という概念のもとに論じられている。漱石に関しても阿部は、「全作品を貫いている主題として、日本の社会の中での個人のあり方の問題があると思われる」（『「世間」とは何か』一八〇頁）として取り上げている。阿部は、日本には、西欧の学問から移入された、社会と個人という観念による枠組みとは別に、伝統的に生きられている「世間」、「世の中」というものが日本人の行動を強く規制していて、それを知ることなしには、日本と日本人は理解できないという立場をとっている。

こうした、日本における「社会」とか「個人」といったものは、西欧とは大分違うという指摘は、日本人論でよく見られるものである。日本には自立した個人というものが欠如しているからだめなんだ、いや、それはそれでいいのだ、という対立する水掛け論としてもそれはほとんど定番となっている。しかし、その問題を、水掛け論ではなく、理論的観点から、きちんと分析したものはじつに少ない。そうした中で、中根千枝『タテ社会の人間関係』（一九六七）は、『菊と刀』とならんで最も有名な日本人論であると共に、日本人論として読まれている本の中で、最も理論的な強さを持っているものである。

頁）。

「兎角に人の世は住みにくい」

阿部謹也のいう「世間」とは何か。それはあなたが日本人であれば、いま生きている世界、それが世間です、と説明するのが一番早いだろう。しかし、自分自身が骨がらみに巻き込まれているものを、自分で客観的にそれが何であるのかを知るのは難しい。そこで、阿部が作業仮説として示している定義を引用する（一九九五　一六頁）。

世間とは個人個人を結ぶ関係の環であり、会則や定款はないが、個人個人を強固な絆《きずな》で結び付けている。しかし、個人が自分からすすんで世間をつくるわけではない。何となく、自分の位置がそこにあるものとして生きている。

続けて、阿部は「世間には、形をもつものと形をもたないものがある」として前者には、同窓会、会社、俳句の会、文壇、大学の学部、学会などを挙げ、後者、「形をもたない世間とは、隣近所や、年賀状を交換したり贈答を行う人の関係をさす」とする。この世間の掟《おきて》には、葬祭への参加があり、また、団体旅行などで、列車の中で宴会が始まればそこが世間であって、乗り合わせた他の人はそれ以外のただの人で、他人ですらないものとして、その迷惑はかえりみられない、という例を挙げる。他にも強い掟としては、自分が属する世間の名誉を汚さない、また世間を「お騒がせしない」といったことがある、と言う。これらは欧米におけるような、実体的に、または理念的に、「個人」が主体となって「すすんでつくる」法または契約による関係ではないのだ。代わりに、ある一人の人は世間の中で、それなりの、『菊と刀』でいえば「ふさわしい位置」を与えられているので、そこで競争をせずとも、「世間の掟を守っている限り、能力の如何を問わず何らかの位置は世間の中で保てる」（二二頁）ことになる。

しかし、阿部がこうした「世間」という概念を取り上げるのは、それが日本を考えるのに有効だから、というだけではない。そこには、阿部自身の仕事である、日本における学問のあり方も考え直したいという主張がこめられている。すなわち、学者たちがこれまで、ヨーロッパから移入したsociety, individualといった概念に、「社会」、「個人」という訳語を与え、それによって日本について論じていたのは、たんに分析のレベルでの誤りではなく、現実に日本人が生きている「世間」という観念を無視するという、学問自体のより深いところでの誤り、怠慢であったというのである。そして、学者にそうした怠慢を許し続けているものこそ世間というあり方、つまり、学会という世間の内側で論文が評価され、そこである位置が保たれればよい、という「世間」というものに特有の考え方なのだ、と言うのだ。

これは、西洋史の専門家である阿部が、学者として日本に生きる中で「世間」との関係に立ち至り、それについて考えさせられることで、その「世間」自体が自分にとって重要な研究対象である、と気づいたことによるのであろう。漱石の小説にもそうした主人公たちの「世間」で暮らす――安楽さよりは――苦しみが何度も出てくる。それを端的に示すものとして、『草枕』の有名な一節は読むことができよう。「智に働けば角《かど》が立つ。情に棹《さお》させば流される。意地を通せば窮屈だ。兎角に人の世は住みにくい」（全集3　三頁）。こう考えるに至るまでには、阿部と同じく、漱石も英文学の研究者として留学し、外国（イギリス）で暮らして日本に帰って来た、という経験が働いている。漱石は、生涯この住みにくさを感じて生きたようである。第一部とのつながりで言えば、漱石の留学はいろいろの意味で「失敗」である。イギリスでの文学研究、イギリス社会との交流、いずれも満足いくものではなかった。明治の日本人論を書いた四人とは経歴の取り方が違ったためか、彼らのように西洋で闊達《かったつ》に暮らすことはなく、むしろ、漱石の留学生活は昭和の『旅愁』を先取りしているところがある。

「世間」論の意義

この阿部の「世間」論の意義はどこにあるだろう。この考え方自体は、すでに『菊と刀』にも見られるし、いろいろな日本人論において、西洋の個人主義対日本の集団主義といった対比で語られていたものと、大きなところでは重なっている。しかし、阿部の論にはこれまでとは全く違う点があるのだ。

それはまさに「世間」という言葉を現在の日常語の中から取り上げたところにある。そのことはたんに、論を表すのによい言葉を探してきた、ということではない。そうした言葉をもし西洋の哲学や「現代諸相」から引っ張ってきたとしたら、それこそ阿部の批判するところである。彼の取り上げた言葉、「世間」が、私たちが常々、それでもって自分たちが生きていることを説明してきた——たとえば「そうは言っても世間が許さないよ」——ものであること、そしてそれが、その使用例を飛鳥・奈良の時代にまでさかのぼれるだけの厚みがあり、その概念自体を学問的に吟味することが可能だという点が、これまでと違うのだ。

阿部は、私たちが「世間」という世界に生きていることを認めることから出発するしかない、と考えている。それは、西欧的な意味での社会と個人というものが日本には成立していないことを認めることでもある。そうだとすると、たとえば、現在言われている「市民社会」の発展とか、「市民意識」の向上といったものも、そもそも市民というものが、西欧的な意味ではないのだから、論の前提からして間違っていることになる。

たしかに、その誤りを抱えながらも、市民運動といったものが成果を上げていることを、私は自分のささやかな体験の中でも知っている。阿部の論から引き出されることは、決してそうした活動と成果を無意味だということではない。私は、そうした日本の「市民」運動の、現在の成果を評価し、そのような運動の中に、人間関係の軋轢として、また活動自体の進め方への不満として現れてくるいろいろな問題に、この阿部の「世間」論が有効だと考えている。私たちの市民活動や、「社会」を変えていこうとする運動には、私たちが社会ではなく世間の中で生きていることから来る、解決困難な性格があるのだ。言い換えれば、社会、個人、西洋流の市民といったことを無自覚に前提として考え始めては、日本人論で問題とされている難問、私たちは「西洋近代」の中で何者なのか？　を解くことができない、と指摘したいのである。

こうした問題点を、別の角度から、阿部の論考以前に分析したのが中根の『タテ社会の人間関係』だ、と考えることができよう。

古典は知られるが、読まれない

中根千枝の『タテ社会の人間関係』を考えるとき、古典というのは、読まれずにその名だけが流布する段階に至った著作、という皮肉なことが言いたくなる。それは名誉ではなく、不幸だ。たとえば、すでにふれたことであるが、おそらく多くの人が、『菊と刀』の菊は皇室の紋章だ、と考えていることだろう。それは他愛もない誤解であるが、中根の論ずる「タテ社会」が「ヨコ社会」と対比されていること、そしてその対比されているヨコ社会の典型が西欧ではなくインドであることをどのくらいの人が知っているだろうか。それは読まないからというだけのことと思うかもしれないが、たとえ読んだ人でも、

(A)「タテ組織は排他的である」

(B)「タテ組織は自由な活動の場を個人に与えていない」

という二つの文について、中根の主張として正しいか正しくないか、という設問を出したら、両方に正解する人は少ないかもしれない（答えは、前者も後者も正しくない、なのである。このことはこの章を読み終わると分かる）。

青木保は、第一章でもふれた『「日本文化論」の変容』（一九九〇）という本の中

で、戦後の「日本文化論」をいくつかの時期に分けている。中根のこの本は、青木の時期区分の中では、「肯定的特殊性の認識」前期（一九六四〜七六）に入れられている。青木はこの本と、尾高邦雄『日本の経営』（一九六五）、第八章で取り上げる土居健郎『「甘え」の構造』（一九七一）とを合わせて、日本の特殊性を否定的にとらえる通念が覆されたのだ、という。

私はその見方に特に異論はないが、否定、肯定という言葉を用いるとしたら、青木とは微妙に違う使い方になる。私の議論では、個々の著作が肯定的か否定的かというよりは、時期によって肯定、否定の世情の違いがある、と考える。肯定の時期には肯定的な著作が書かれることが多い。しかし私には、否定的な時期に出された本がそのときには日本を否定するものとして読まれていたのが、のちになって肯定的な時期に、逆に肯定的に読まれる、ということのあることが興味深い。たとえば『菊と刀』の中で、ベネディクトは日本には西欧流のデモクラシーは合わないであろう、と述べているが、敗戦の不安の中に民主主義を光明と見た人は、否定されたような気がしたろう。しかし、ある程度自信がついたあとで、同じ箇所を読むと、そうだ、日本には日本流の民主主義がある、民主主義といっても、文化と切り離された制度ではないから、それぞれの国ごとに別の民主主義があってよいのだ、と思ったことだろう。また、否定のトーンで書かれた本が、次の肯定の、つまり日本が上り調子のときには読まれずに、また否定の時期になったときに、再び脚光を浴びる、ということもある。日本人論は、国の浮沈が上向きでも下向きでも、そのことからくるアイデンティティの不安が書かせ、読ませる、と第一部で述べた。中根の本が書かれた時期は、日本の復興がはっきりしてきた高揚の時期である。だからといって、それは不安と無縁の高揚感ではない。その日本の復興がたんに西欧の追随ではない、日本独自のものの発現ではないか、という自問自答は、復興は事実として現前しているが、さらにそれに正当性を与えたいという望み、それがなくては気持ちがスッキリしないという「不安」によって生まれるのである。

ウチとヨソ

中根は、阿部と同じく、研究方法の問題から論を始める（二〇―二〇頁）。日本に関する社会・文化論には、これまで、西欧の社会科学の理論で日本を整理、説明しようとするものと、西欧の現象との比較で、日本の特殊現象を洗い出し、それを論ずることで日本の社会・文化をつかもうとするものの二つがあった。前者は和服をセンチ、メートルで計ろうとするもので、当然端数が出るのだが、それが日本社会にとって本質的な部分であっても、「封建遺制」とか「日本の後進性」といった言葉で切り捨ててしまう。後者は、むしろその端数を大事にするのだけれど、大事にするあまり西欧の学問でせっかく鍛えられた概念や「理論的成果をむしろネガティブに使うため、理論的には非常に弱く、どちらかといえば、『思いつき』的な説の弱さ（理論的一貫性を欠く）をもっている」（一八頁）と批判する。

そこで中根は社会人類学の立場から、社会構造というものを日本の中に見出そうとする。そのために、場・資格、ウチ・ヨソ、タテ・ヨコといった概念を使い、比較の対象として「極端な対照」をなすインドをモデルにとり、理論を積み上げていく。その積み上げを、かなり端折《はしょ》りながら説明すると以下のようになるだろう。

まず、「場」というのは資格の相違を問わない。それは、一定の「枠」によって集団が成り立っているとき「場による」集団である、というふうに使われる。「資格による」はその逆である。どんな集団も場と資格の双方によって構成されるが、日本の集団意識は「場」に強く置かれ、インドではカーストに見られるように「資格」が強いのである。

日本における場による集団の代表はイエである。イエは家長（という資格）の権力構造といったものが問題ではなく、共同生活、あるいは農業経営といった「枠」の設定によって構成される。このイエや会社では、集団の中の資格ということは問題とされないので、たとえば「××テレビの者です、というので、プロデューサーか、カメラマンであると思っていたら、運転手だったり」（三〇頁）することがある。「この集団認識のあり方は、日本人が自分の属する職場、会社とか官庁、学校などを『ウチの』、相手のそれを『オタクの』」（三〇頁）と呼ぶことにつながる。ここでこの「場」による集団というのは、阿部のいう二種類の世間のうち、「形をもつ世間」に対応することが分かるだろう。ウチ・ヨソの説明に、中根は、阿部が例示した列車の中のエピソードに似た、「知らない人だったら、つきとばして席を獲得したその同じ人が、親しい知人（特に職場で自分より上の）に対しては、自分がどんなに疲れていても席を譲るといった滑稽《こっけい》な姿がみられる」（四七頁）という例を示している。ここからウチが自分の世間、ヨソがそれ以外と理解することができる。

タテとヨコ

こうした場によって構成された、ウチ・ヨソの意識の強い日本の集団に、中根はタテ（vertical）の構造を見出す。それはヨコ（horizontal）との対比においてである。ここで誤解しやすいのは、このタテを権力の階級制、ヨコを社会の平等性と結びつけてしまうことである。それとは違って、タテ・ヨコは抽象的な構造線だ、と考えなければいけない。

中根は説明する（一一六—一一七頁）。

まず、これをそれぞれX（タテ）・Y（ヨコ）という構造の異なる二集団によって説明すると次のようになる。両集団とも同じ一定数の個人からなっているという仮定で、その数を抽象したa・b・cの三点によって示すと第1図のようになる。（中略）この両者の構造の相違は、第一に、Xの成員はaを頂点としてのみ全員がつながっているのに対して、Yにおいては、すべての成員が互いにつながっていること。第二に、Xの構造はつねに、底辺が開いていることで示されているように、外に向かって開放されているのに対して、Yは封鎖されている。

ここから、さらに、もし新たな人が入るとすると、Xでは、そのうちの誰か一人が面倒をみればよし、ということになり、加入はより簡単である。Yでは全員が承認しなければばならない。Yのような閉鎖的な集団はイギリスの「クラブ」が典型的な例である。そこには、貴族の家柄、社会的地位といった「資格」が不可欠の要素としてあ

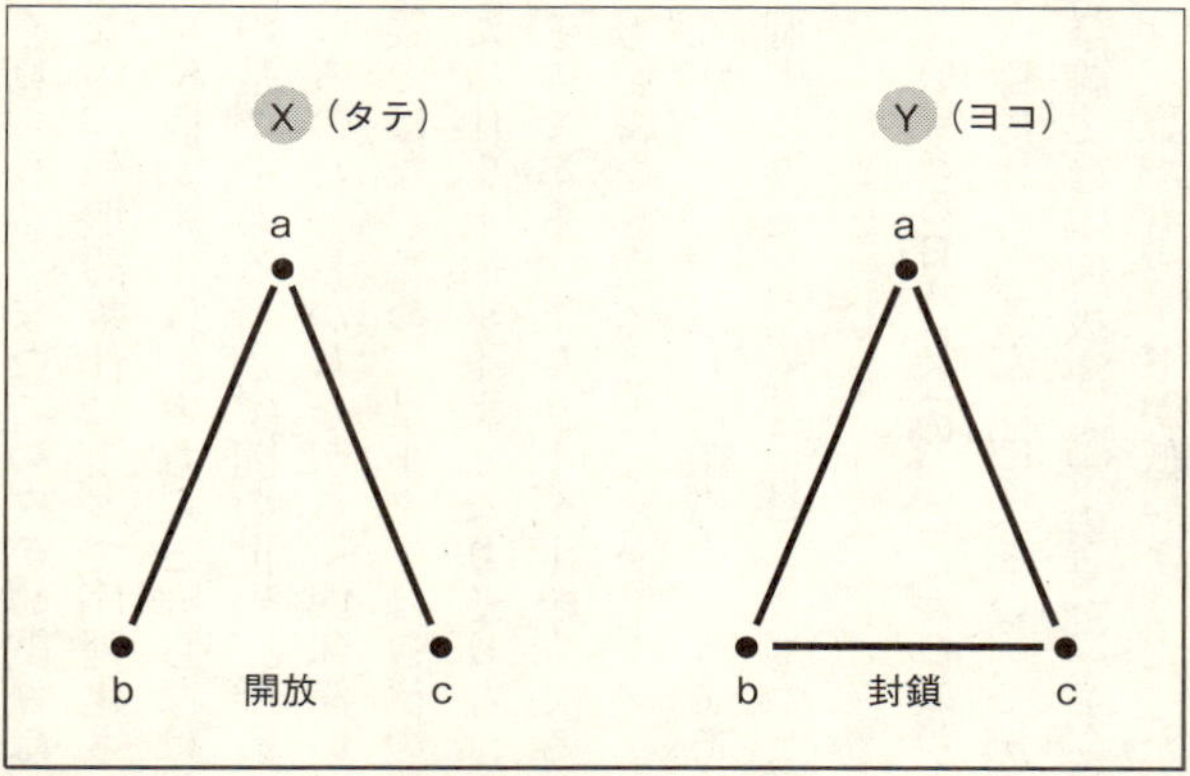

第１図　（『タテ社会の人間関係』より一部改変）

り、その上で、そうしたことをクラブのメンバーの全員が認めることが必要となる。これは、タテ組織は開放的であり、ヨコ組織はむしろ閉鎖的であることを表している。また、Xの方では、入った人間はある意味で、面倒をみる人、その人とタテの擬似的な「親子関係」を結ぶことになる。

この構造に関する理論的説明からさまざまなことがらが引き出される。たとえば、Xでは、タテの情報の伝達と指揮系統がしっかりしているため、リーダーがしっかりしていなくても集団は優れた力を発揮する、ということがある。しかし、系統が違うとヨコの関係が弱いためにセクショナリズムが起きて、組織としての機能を阻害することがある。このことは日本の役所によく見られる。またこのタテの関係は、年齢や年次や在籍期間といった能力とは関係のない、外形的条件によって序列化されていて、その序列――『菊と刀』の「ふさわしい位置」――は、きちんと守らなければならない。たとえ、論理性だけが議論の唯一の基準であるべき学問の世界、学会の研究会でも、議論の発言の「順序」は守られているのだ。しかしながら、興味深いことに、リーダーの選出には能力が必ずしも第一義ではないため、リーダーは自己の能力の欠如を部下で補うことがあり、能力があるため仕事上欲求不満になりそうな部下も、実質的にリーダーの仕事の分野に侵入しうるのである。またリーダーを立てることで、決して介入できないはずのヨコの位置にも影響を与えることができる。その結果タテ組織では、「序列偏重で一見非常に弾力性がなく、硬直した組織のようであるが、これは同時に、驚くほど自由な活動の場を個人に与え」(一五三頁)ることとなるのだ(第2図)。

いまある日本社会の、ここから始めること

臣民はもちろん、国民というモデルも、国家主義と結びつくという点で、政治的な議論では「取扱注意」の言葉である。それと比べると「市民」という言葉に対しては、誰でもガードが低いようだ。たとえば新たな市民の創出といった言葉は、誰にも

決して否定されそうもない、いつでも効き目のある護符のようである。しかし、阿部の「世間」論と中根の「タテ社会」の立論を知った上では、そもそも日本に「市民」はいるのだろうか、と疑ってかからなければならない。まず、西欧型の、社会に対して主体的に関わっているような自立した個人というのであれば、日本はそうした個人によって成り立っている社会ではない、と言うべきであろう。そして、ある意味では明治維新以来そうした「個人」が生まれることを願って、日本の「啓蒙」は行われてきたのだが、事情がそうでなかったことはたしかだ。

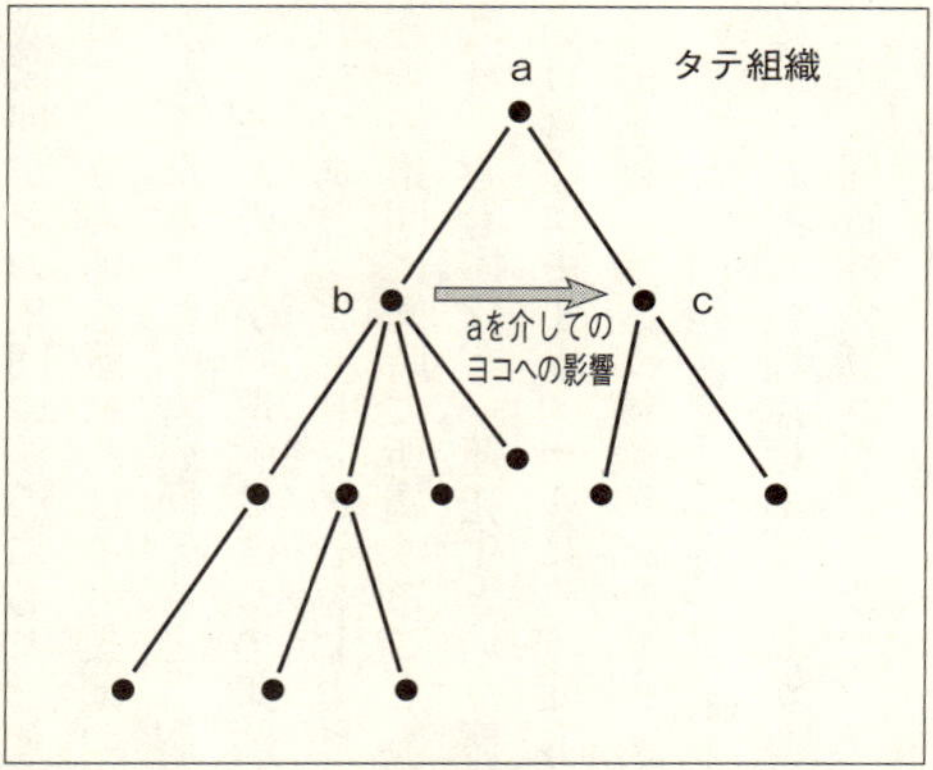

第２図　（『タテ社会の人間関係』より一部改変）

　中根千枝の『タテ社会の人間関係』には副題がついている。「単一社会の理論」。それは「単一民族」とは違う。民族のように擬似的な「血縁」やら、観念的な「価値」で結びついているのではなく、あくまで構成原理がその集団の核心にある。その「単一社会」では場によって集団に所属するために、その場を離れればその集団の帰属を失う。具体的に不在が続けば自分の「席」がなくなるのだ。言い換えると、個人に全面的、全人的参加を求めるのである。よって、一人の人が原理的に二つの集団に属することはできない。もし、集団への所属が資格であり、さらにその資格に基づく契約が集団への帰属を決めているのであれば、複数の集団に同時に所属することも可能である。社会的安全の見地からは、ある集団に身も心も捧《ささ》げ、一蓮托生《いちれんたくしょう》という態度で生きることはリスクがある。もちろんうまくいけば、エモーショナルにも安定しやすい、よい選択となるが、それは賭《かけ》である。常識的には、個人が複数の帰属集団を持つことの方が有利なのだ。そして、社会に異質の多様な集団があることは欠点もあるが、活力も出る。タテ社会とヨコ社会の両方に、それぞれの利点はある。しかし、日本は、そのリスクをともなう賭にある程度勝って、同質性の高さをアドヴァンテージとしたタテ社会を作ってきたというのが、現状である。

そして、日本はタテ社会だということを、もう少し正確に言うと、タテの原理とヨコの原理のあいだで、日本ではタテの原理の方がより強く働いている、ということである。社会はインドでもヨーロッパでも日本でも、この二つの極モデルの、どちらかに寄っているにせよ、そのあいだに位置している、というのだ。どんな「市民社会」でもまるまるヨコ組織だったりするのではない。それゆえ、二つの原理を使い合わせながら、その二つの極モデルのあいだで、日本社会が日本の「市民社会」の位置を探ることは可能だし、それが現実的な課題なのである。

一方、阿部が私たちに「世間」というものが生きる上でいかに強く働いているかを理解させようとするのは、第一に、間違った出発点からは、学問的にも実践的にも前進することはできないからである。世間というものに無意識に縛られるのではなく対象化することが必要である。

そして、第二には、その世間の中でどのように生きるか、ということである。阿部は「私は日本の社会から世間がまったくなくなってしまうとは考えていない。しかしその中での個人についてはもう少し闊達なありようを考えなければならないと思っている」（一九九五　二五八頁）と言うのだ。その個人が「市民」であるためには、始めるのは、あそこやかしこではなく、日本の現実の、ここ、でしかない、ということを、この二つの本は教えてくれる。

第七章　職人——もの言わず、もの作る

その設立にあたっていろいろ問題もあったのだが、二〇〇一年の春に、「ものつくり大学」が発足した。この大学の設立主旨にこう書かれている。

「ものつくり大学」は、ものづくりの「技」と「心」をあわせもつ有為な人材を育成して、ものづくり産業の発展を目指す主旨から、国や産業界の支援を受けて設立されます。「モノ」と「ヒト」の両方の意味を「もの」という言葉にこめ、「ものづくりはひとづくりである」という建学の精神に基づき、「ものつくり大学」と命名しました。

日本人は職人

これは、大げさに言うと、大学というものが、物事の抽象的な次元の知を追究する制度である、という西洋近世以来の前提に対する「挑戦」である。技と心が大学の追

究することだろうか？

しかし、この挑戦は、抵抗されるどころか、最初から世の中に歓迎されたようである。「大学という……抽象的な次元……」という前提以前に、日本には、この主旨に示されるような、技と心に対する高い価値づけがより大きな前提としてあるのだ。それは、岡倉天心《おかくらてんしん》の『茶の本』にもある生活の美意識として、また『菊と刀』の菊作りに見られる「秘術」として、西洋から移入された大学制度よりずっと長い歴史を持っている。いま時代は産学協同という言葉のもとに、便利な知恵、具体的に利益となるものが大学に要求されている。要するに、大学全体が「もの作り」を要求されている風潮の中で、この「ものつくり大学」は、変わり種としてではなく、こうあるべき大学の姿の一つとして設立されているのだ。

こうしたもの作りの伝統は日本に長くある。二〇〇〇年の三月に、ＮＨＫで「プロジェクトＸ　挑戦者たち」という番組が始まった。この番組は、本で言えばロングセラーのような、深く長い人気を保ち、視聴者のリクエストも多いのであろう、再放送、再々放送もよくされている。番組の主人公たちは多くの場合、あるプロジェクトにたずさわった「名もない」現場の技術者、責任者たちである。その成果、たとえばビクターという会社が開発したＶＨＳは知られていても、その陰で有名、無名の人々が精魂かたむけて事に当たったことは知られていない。そうした過去の「プロジェクト」が取り上げられている。私はこれを見てよく泣くことがある。多くの視聴者もそうであろう。ここにあるのは、強い共感である。それは視聴者と同じような「無名の人たちのドラマ」(『プロジェクトX　挑戦者たち』2巻　六頁)に対して、また「本当の日本人の物語」(1巻　七頁)に対して、向けられる共感である。私はこの番組は、日本人の生活世界の知恵と価値観と感情を伝える、新しい時代の「テレビ民俗学」である、と考える。

こうした無名の、もの言わず、もの作る人々への、強い愛着をもって書かれた本がある。本書の母胎となったNHKの人間講座でも、佐野眞一が二〇〇〇年に取り上げた、宮本常一《みやもとつねいち》の『忘れられた日本人』(一九六〇)である。また、永六輔《えいろくすけ》の『職人』(一九九六)もそのような人々の言行録である。そこには、黙々と、生活を工夫しながら生きてきた日本人の姿が描かれている。「もの言わず」とこの章の副題に書いたが、じつはそんな人ばかりではない。宮本が取り上げた中にも饒舌《じょうぜつ》な人が沢山いる。永六輔の本は、著者ご本人ふくめ、みなおしゃべりである。しかし、話すだけで書かない人は「何も言わなかったかのよう」に、無名の人々として消えていくのがこの世なのだ。そうした人はふつう、庶民と呼ばれることが多い。それは臣民、国民、「市民」といった、意味合いのはっきりしたカテゴリーとは違い、ある意味で、何も特徴がないことを特徴とする、「その他」のカテゴリーである。自分を庶民と呼んでみたとき座りがよいのは、前章の論に引きつければ、常に世間というタテ組織の中で生きていて、能力や資格で計られるのではなく、その世間の掟《おきて》を守る、という平凡なる一事で常々自己規定をしているからであろう。

しかし、何も特徴のない人は何もしていないのではない。むしろ猛烈に何かをしている、働く人たちなのである。そうした「その他」の「庶民」の最も際立った側面でとらえると、「職人」である、というのが私の主張である。そんなことを言えば日本人はほとんどが職人ということになるが、じつはそうなのだ。

職人とは「生き方」

その職人とはなんであるかを知るために、まず、永六輔著の『職人』から見ていこう。永が職人とつき合い始めたきっかけは、メートル法が施行されて、曲尺《かねじゃく》・鯨尺《くじらじゃく》を作ったり売ったりすることが禁じられたことにある。永は、そうしたおかしなことはやめなければ、と曲尺・鯨尺を自ら作り、売る「違法行為」をあえてすることで、職人たちとのつき合いを始める。この永の本の、どの行を引いても職人の顔と仕事が浮かぶ。引用しながら説明しよう。

徒弟制度の世界はモノもつくってきたけど、ヒトもつくってきたんだ。(三八頁)

これはそのまま「ものつくり大学」の主旨である。徒弟制の技術の伝達の方式が、いまや文化人類学や認知科学で注目されている。「ものつくり大学」は伝統回帰、復古主義とは違う、先端的な制度だと言える。

だから、職人っていうのは、物をつくるだけじゃない。植木屋さんの場合は物を育てたり育てなかったりという職人。農民っていうのは、野菜を育てるとか、野菜をとる職人だと思うんですよ。(一一七―一一八頁、永自身の言)

日本人はほとんどが職人だ、と書いたのはこういう意味合いにおいてである。私たちは、自分を、農民だったら米作りの、編集者だったら本作りの、自動車工場やその設計室で働いていればクルマ作りの、それぞれ職人だと考えるところがあるのだ。永六輔自身も自分を「ラジオの職人」だと書く。

また、職人にはいくつかの特徴があるのだが、その中でも「忙しい」というのは、大きなひとつ。「メシ喰う暇があったり、ウンコする暇があったら、忙しいなんて言うもんじゃねェ」(四頁)。他にも忙しさについては卓抜な言があるが、職人を知るうちに、こうした「忙しい」というのは単なる状態ではなく、「職人」の属性であることに気づく。忙しさを楽しむ。忙しくてつらい、つらい、と言いながらそういうところがある。そこを永はこう書く。

> その点、職人はまず身体です。
> その身体が仕事のために変形している人と、たくさん逢いました。
> 職人の手がそうです。
> 仕事にあった手に変形している、それを見ていると、職人というのは、職業というよりは、「生き方」なのではないかと思えてきます。(一三八頁)

この生き方、という点で、職人は日本人のモデルとなるのだ。

職人というモデルは分かりやすい。臣民、国民、「市民」のように、相互に似通ったところを区別するとか、微妙な違いを定義する必要はない。読者は実感として分かるところがあるであろう。この実感は、モノという具体性に関わることから来るのだ。

英語に、tangibleという語がある。モノを具体的に触知しうる、という意味の言葉である。ルース・ベネディクトも中根千枝もこの言葉を、その本の中で日本を説明する重要な用語として使っている。中根は、日本の場による集団は、資格といった同質性がないため、常日頃から直接に「接触(つき合い)」して、集団意識を高揚しなければならない(五四頁)と書いている。それは「人間」においては、身近に、「触知しうる」人との関係を信用する、ということである。それが人間ではなく「事物」における「触知しうる」性格となると、日本の社会では抽象的な理論よりも、現場で起きていること、具体的なことが信用されることというかたちで現れる。

「プロジェクトX」という番組では、数多くのプロジェクトが扱われ、それぞれの内容は違うのであるが、必ず番組のヤマに、そうした具体的なモノを前にした気づき、工夫、現場の知恵のひらめきの瞬間が来る。そうしたモノに対する感覚はたとえばすでに何度かふれられた「菊作り」に見られる、日本人によるこれまでのモノとの関わり、長い蓄積の延長にある。そして、強調しておきたいのは、それが、たんに便利ということではなく、それと同時にきちんと作る、という「美意識」とでも言うべきものに支えられた努力だということである。効果と正確さだけが基準であるならば、そこまで気力を傾けないだろう。自分の世界の調和を図ろうとする「美」意識、「きちんと」、「ちゃんと」しようという価値観がそれを行わせているのだ。

「工夫」がだいじ

宮本常一の『忘れられた日本人』にも、いま挙げたと同じような発言、記述がある。まず、「忙しい」というのは彼が描く昔の日本人の生き方である。愛知県北設楽《したら》郡旧名倉村の古老の一人は言う。

そうでしょうが、わしら働き通しに働いて来たもんは、年をとっても働いておらんと気がおさまらん。そりゃもう性分じゃから仕方がないわの。誰が何というても働かしてもらわにゃァ……。（八一頁）

しかし、その中にも「工夫」がないとだめだ、という。

それよりはみな工夫がだいじであります。

働く働くと申しましても、ただ牛や馬のように働くのはだめで……（「オイコ（背負子）」という道具を使うようになった話を始めて―船曳補）……そこで私の親父が、「オイコを借るのもいい加減にせえ、自分の家でつくったらよかろうに、大工をたのまなくても、自分で工夫すればいい」と文句言いましたら、それですっかり村中がつくりましたなァ。そういうもんでありましょう。ところが一軒一軒でオイコを持つと、みなよく働くようになりましたなァ。

それからみんなよく工夫もして来まして、このごろではあなたまかせのものはあまりおりません。（九六―九七頁）

これもある意味で小さな「プロジェクトX」なのだ。番組風に題すれば「オイコが変えた村の暮らし」。こうした工夫する生き生きとした農民像は、ともすると通俗的な小説や映像などによるステレオタイプの、ただ苦しさの中に呻吟《しんぎん》する農民像の中で忘れられがちである。しかし、第十章でそのことを論ずるが、江戸期、近世の農民は、生活の隅々まで工夫に工夫を重ねた究極のエコロジストであり、彼らの住む村は究極の循環型社会だったのである。宮本は、自分自身の生家について書きつづった、また日本中を旅して得た記録を、こうした、ものを作り、工夫をして生活を営んでいた人の話で埋める。それはそう昔の話ではなく、地域による違いはあれ、戦後の東京オリンピックの頃までのふつうの農村の様子だったのである。

宮本の本で興味深い点をもう二つ挙げる。一つは、人々の移動性の高さである。彼の本の中に出てくる言葉、「世間師」（二一四頁）というのは、村の中でも、若い頃から広く旅して回った人のことをいうようである。そうした人の数が多かったとは言えないが、どこの村にでも、その村なりの「世間師」はいて、そうした人が外からの情報を入れていた、ということがあるようだ。私も、静岡県の引佐《いなさ》郡（現、浜松市）で調査をしたときに、若い頃旅回りの役者で、広く旅をして回った老人にお会いしていろいろとじつに面白い話をうかがったことがある。また、よく出かけて行く庄内平野のある村では、戦前に兵隊として東京の師団に行った人が、村の中でそうした情報をもたらす役割を担っていた、ということがあった。そして宮本常一自身が、日本をくまなく旅し、人の話を聞き、自分でもそうした話を語る、途方もない「世間師」だったのである。

もう一つ、宮本の本で忘れてはならないのが、女についての話である。この本には「土佐源氏」（一三一頁）と題された、ある男の女性遍歴の話が出てくる。世間師同様、ひと所に落ち着けず、女の心映えにすがるように転々と移り住んで暮らしている男の話であるが、ここにも、宮本は、忘れられた日本人の光る言葉を書き留める。

あんたも女をかまうたことがありなさるじゃろう。女ちうもんは気の毒なもんじゃ。女は男の気持になっていたわってくれるが、男は女の気持になってかわいがる者がめったにないけえのう。とにかく女だけはいたわってあげなされ。かけた情は忘れるもんじゃァない。（二五七頁）

ここに描かれている男女関係は「職人」とはまた少し違う、日本の「庶民」についてのモデルである。次章は女性についての話となるので、そのときもう一度ここに戻る。

一九六〇年代の変容

『忘れられた日本人』に描かれた日本は一九六〇年代、東京オリンピックの頃まで、と書いた。その頃少年だった私は、農村から出稼ぎに来た人たちが、高速道路や地下鉄などの「突貫工事」で働いているのを見た記憶がある。

「プロジェクトX」で扱うプロジェクトは逆にその時期以降のものが多い。「プロジェクトX」をテレビ民俗学と呼んだが、それは、宮本民俗学とそれとがこの六〇年代を境に、その前と後ろを受け持っているようになっているからである。その入れ替わりには理由がある。一九五〇年代までの「農民」が、それ以降は、高度経済成長の現場で「職人」となって、巨大プロジェクトの中に現れるのだ。

「プロジェクトX」と「ものつくり大学」を、日本のもの作りの美と技の伝統が背景としてあるといい、この第七章のタイトルが「職人」であるとすると、読者は、この二つを、日本のかつての「職人芸」が現代にかたちをとって現れた現象と考えるかもしれない。私が考えているのはそうではない、正確に言うと、それ「だけ」ではない。ここで論じている「職人」の伝統は、工芸品の中に見られるいわゆる「職人芸」よりは広く、職人だけではなく日本の庶民すべて、職人でも農民でも商人でも、そうしたすべての人の中にあったものである。日本人すべてが、特に江戸時代の社会システムの中で勤勉さ、忙しく働くことを身につけ、生活の中に知恵と工夫をこらす生き方を獲得してきているのだ。職人とは生き方、と書いたのはこのことである。「プロジェクトX」に登場する人は、もの作りの人が多いのだが、正確には「工夫をこらして生きる」という生き方をする人たちなのである。

このように、「職人」がたんに一つの職業ではなく、日本人そのものの生き方である、ということは説明がついた。しかし、「プロジェクトX」や「ものつくり大学」という現象が、なぜ、いま、このように華々しく、また多くの視聴者の心を捉《とら》えるのか、ということを最後に述べなければならない。その答えは、いま私たちはふたたび「日本人論」が必要とされる時期にいるから、である。日本人論は不安のときに書かれ、読まれる、とはすでに論じた。いま日本は、不安が高まる、第三のターニングポイントに来ている。明治維新、「大東亜戦争」の敗戦、そして、現在である。前二回は、それぞれ、富国強兵、経済復興をスローガンに、国家はその道を示した。そして、両方ともに功罪はあったが、比較的短期間に成功を収めることができた。そして現在は、人々のあいだに、いわゆる「バブル崩壊・マネー敗戦」から始まる、構造的な転換期であるという認識がある。その不安の中で、日本はどこに新たな針路を見出すのかが模索されているのだ。ただ、この不安の克服に日本人論がいままでと同じように意味を持つのか、その必要はなくなり始めているのかは考えてみなければならない。

ここ一〇年、私はいろいろな講演会やワークショップで、日本の針路ということについて対話をすることがあった。そのとき必ず出てくるのが、いま一度、もの作りの

「原点」に立ち戻って、そこから日本を考え直すべきだ、というものだった。こうした難局にあって、日本はやはりもの作りの国であり、金融とかＩＴとか、ソフト産業というけれど、日本人の一番の強みはものを作ることだ、という意見が強く出されるのだった。それは国家的な規模では、日本国政府がいま打ち出している「科学技術創造立国」というスローガンのことである。それも、そうした、もの作りの伝統と日本人の「職人」というモデルに活路を見出そうとして作られている。

しかし、こうしたことが、たんに技術的な問題としてではなく、生き方に関わることとしても論じられるところに、日本人論が登場してくるのだ。もの作りは産業の再生だけではなく、モラルの再生、価値観の再創造にまで表れてくる。職人の生き方が「バブルに浮かれた」生き方の対極として、地道なもの作りという言い方で語られるのである。いろいろなメディアにそうした「もの作り」の一生、生き方が取り上げられることが非常に多くなってきているように思う。環境との調和というキャッチフレーズもこの「もの作り」と親和性を持つ。しかし、その功罪を好悪で判断することに何の意義もない。

この点を、第三部での、これからの日本人論の必要性という議論につなげるために、ここでは一つの注意点を述べておく。こうした「触知しうるモノへの信頼」を基にした活路は、これまでにもこの社会が何度か救いを求めた方向である。この社会がこれまでに積み上げてきた強みに戻り、そこから回復を図ろうとするものである。Back to Basic、基本に帰れ、これは悪くない。これまでのアドヴァンテージを捨てることはない。それは活用すべきであろう。しかし、同時に自覚しておかなければならないのは、「触知しうるモノへの信頼」とは、逆に言えば、「触知し得ない抽象的なモノへの不信」ということである。ここには、抽象的な理論、システムに対する弱点がある。これは何も、日本人の持つ知的能力の問題ではなく、価値観に関わることがらだ。原則から来る判断を信頼するのではなく、現場の工夫と共感を頼りにことを行う。仕事は速い。日本の過去の二つのターニングポイントで、キャッチアップと回復が迅速であったことは、この現場の強さによる。すでに他で成功していることを追いかけ、なぞるときには原則に照らすこと、それによって批判を行うことは、効率的ではない。しかし、原則と抽象によるより高いレベルからのチェックを怠ることは、長期的には失敗の見逃しとその拡大が起きる、大きな欠点がある。これは「職人」モデルにある種の価値観を見出そうとするときに、注意しなければならない点である。

本章に戻って締めくくれば、永六輔の『職人』も「プロジェクトX」も「ものつくり大学」の理念も、そうしたもう一つの「日本人論」として、この方向感のない不安の中で書かれ読まれている。これらの出版や放映が日本人論として意味を持つのは、そこに現れてくる職人とは、たんにものを作る人ではなく、無名の日本人として工夫をこらして生きるという、「生き方」を持っているからである。そして、宮本常一の『忘れられた日本人』が、これからの日本人ではなく、消えていく人々を描いて、いまに新鮮なのは、それが過去に収まったこととしてではなく、未来にもつながる、人と社会の「生き方」として、いま述べた注意点に照らしても、現在再び読み直しうるからである。

第八章　母とゲイシャ——ケアする女たち

『「甘え」の構造』のいま

母子の甘えに発する心理構造を、日本人の特質として解説した土居健郎の『「甘え」の構造』（一九七一）が出版されて三〇年が経った。そのあいだに、子は母に甘えられなくなったように見える。

私は『二世論』（二〇〇三）〔初出は『親子の作法』一九九八年〕という、有名人の二世たちの、生い立ちの苦労や親から学ぶ秘訣《ひけつ》などを聞いたインタビュー集を出しているので、「親子関係」についての講演を依頼されることがある。あるとき、そうした講演会で数百人の、主として母親たちに会ったのだが、与えられたテーマは、いかに自立を促すか、ということになっていた。みな、すこぶる「促す」ことに熱心なようであった。少し戯画化して言えば、ふた親が子どもたち、それも昔のような四、五人というのではなく、一人の子をあいだにはさんで、あなた、もう甘えていないで少し自立をしたら、と迫る図となる。そう言われた子は、言われるだけいやになるので、「いちいちうるさいよ」と答えるか、無反応におとなしくしているか、いずれにせよはかばかしい応答はないので、どうしたらよいかを講演会で考えよう、そういうことのように思えた。

こうした昨今の親の姿勢に、土居の『「甘え」の構造』からの影響があるとしたら、薬が効きすぎているなあ、というのが私の感想であった。簡単に言えば、「養育」の中で、甘えの量が少なく、「自立」が多すぎるのではないか、と。しかし、私は講演会に来ていた親たちを厳しすぎる、と思ったのではない。どうしたら自立できるのか、と親が考えてあげること自体が、「自立」を阻害しているかもしれない、と考えたのだ。そうした、悪く言えばお節介自体、構図としては「甘え」なのであるが、それではよい甘えが発揮できないのだ。——え？「甘え」はいけないのでは？そんな声が聞こえてくる。

『二世論』で会った二世たちは、彼らの誰もが親離れ、つまり自立を幼い頃から自分の課題として抱えていた。そして、その「すでに成功している」親たちは、いかに自分たちの成功が彼らを圧倒しないか、と気を配ってもいた。この親子関係にはむしろ、土居の言う「甘え」、「人間関係において相手の好意をあてにして振舞《ふるま》うこと」（『続「甘え」の構造』六五頁）が深いところで成立している。互いに信頼し合って、かつ距離をとっている。

土居の「甘え」は必ずしも否定すべきことがらとして論じられているのではない。しかし、すでに述べた古典の運命そのままに、土居の本も、誤解をもって広まっているところがある。まずそれを解くところから始めよう。

「甘え」はよいのか悪いのか

土居は『続「甘え」の構造』(二〇〇一)でこう書いている。「本書が出版されてそれ程間もない頃から、わが国社会の仕組みで何かよからぬことが問題となる際に、『あれは甘えの構造だ』という声が聞かれるようになった(中略)たしかに本書の中で『甘え』の効果が芳《かんば》しくない場合のことが論じられている。特に戦後は自立の重要性が声高く叫ばれるようになったので、そのような社会風潮を背景にして『甘えの構造』がよからぬことの代名詞にされてしまったのであろう」(続三—四頁)。

土居はすでに述べたように、甘えの簡単な定義を「人間関係において相手の好意をあてにして振舞うこと」とする。この「好意をあてにして」というところの「甘さ」が「甘え」のエッセンスである。それは新生児の段階から母子関係の中で発生すると土居は考える。「すなわち甘えとは、乳児の精神がある程度発達して、母親が自分とは別の存在であることを知覚した後に、その母親を求めることを指していう言葉である」（二〇五頁）。それは人間形成に不可欠なことであるから、たとえば西欧の人々のあいだにもあるのだけれども、「個人の自由を強調する西洋では甘えに相当する依存的感情が軽視され……この感情を一語であらわす便利な言葉すら存在しないのである」（二一二頁）。そして土居は、どんな社会の人間関係にもあるのだけれど、それが日本のように言葉として「甘え」というような一語を持っているかどうか、それに対応して、そうした依存感情が強いか弱いか、肯定されているかどうかという違いがあるだけだ、という立場をとる。こうした考えの上で、彼が最初に「甘え」に気づかされた自分自身の日本文化、社会をよく見てみると、多岐にわたって「甘え」が見られる、というのだ。

『「甘え」の構造』から『続「甘え」の構造』まで土居の「甘え」に関する考えにはやや揺れ幅が見られるが、『続「甘え」の構造』から振り返るかたちでまとめれば、「甘え」についての土居の考えはこのようになる。そして、この説明には、あてにした好意が好意として返され、それが秩序との間に、フィードバックされれば、それはそれでよいことだ、という意味が含まれている。土居は、甘えにはたしかに困った点もあるが、本質的にはよいものである、と考えているのだ。そして、日本に、この甘えが「甘え」という言葉と共にあることは、日本人として、自慢してもよいこととさえ考えている。この点で、土居の本が、日本人の甘え体質を批判する、とりわけ母子関係の甘えを反省しようと読まれているとしたら、誤解と言えるだろう。

しかし、この「甘え」という人間関係の心理を、たとえばこれまで論じてきた日本社会の特徴、たとえば、ベネディクトの「恥の文化」、中根の「タテ社会」、阿部の「世間」に適用することはどうであろうか。甘えがそうした特徴の要素であると説明することは可能である。しかし、甘えがそうした社会システムに見られるということを、甘えがそれを作り出している原因だとまで言うと、議論は単純化の誤りを招くように思われる。

土居が「甘え」の切り口で書いた日本文化、社会についての多岐にわたる議論、西欧の言説の中に「甘え」の対応物を発見した文章を読んでいると、目を開かされる思いがする一方で、すでに「甘え」がひとり歩きをしてしまって、土居自身がそれを押さえられなくなっている感を持つときもある。それは土居も気がついているようで、『「甘え」の構造』新装版の「刊行三十周年に際して」という文章で、『「甘え」の構造』では「甘え」という概念を「打出の小槌」のように使って、「さまざまな現象をこれで試し切り」したことを言い、そのため、「『甘え』概念についての吟味が足りなかったことは争えない」として、『続「甘え」の構造』をぜひ、併せ読んでほしいと書いている。

ここにある問題点を指摘すれば以下のようになる。甘えが人類一般にあることだとすると、日本人のあいだにそれが強いのはなぜか、と説明をしなければならなくなる。それを、日本とそれ以外の甘えの強度の違いと説明すると、議論は危うくなる。その強度を測ることはおそろしく難しいから。とりわけ、日本以外の「甘え」を表す言葉がないとされる社会ではそうである。たとえば、英語を母語とする人々のあいだで、どれを「甘え」に発する行為で、どれを「甘え」ではない、たとえば「愛(love)」による行為だとするのかを、適切に区別する基準は定められない。しかし、強度の違いではなく、あくまで、日本における日本語の「甘え」という価値概念の問題として、日本人がある行為を許し、または批判するときに、「甘え」という語をもってするという「解釈」の問題として、その「質」を問題とすることには、ある確実性が保証される。これは「甘え」理論の有効な適用といえよう。

母親という幻想の由来

とはいえ、土居も書いているように『「甘え」の構造』という書名が「甘えの構造」と普通名詞化してしまったいまでは、事態はもう土居の手を離れてしまっているかもしれない。土居は、「甘えを本質的にはよしとする日本人一般の考え方に変りはないだろう」と考えていたのが、「……その後の社会変化はすさまじく、……甘えることはよくないことだという風潮が全国を掩《おお》うようになった」（続一一七―一一八頁）と驚く。その「甘え」の発生する始源である母子関係については、「甘えの構造」として批判する論調が強くなった。

しかし、そうした母子関係の甘え批判と同じく、子を愛せない母親、子を虐待する母といった問題も新聞などに、取り上げられることが多くなっている。こうした問題に精神分析者、岸田秀は『母親幻想』（一九九八、改訂版）の中で、母が子を愛する、ということを当たり前とすることのおかしさから議論を始めている。彼は母性愛という、社会が共同で持つ幻想は、近代になって子どもが社会の中で労働の担い手として価値を持ち始めたとき、そうした子どもを育てて、将来は子どもに養ってもらうという考えのもとに生まれたのだ、と考える。だから、現代の日本のように、子どもは自立したら出て行くことに価値があり、また、母親も社会的な人間として「自立」できる可能性があれば、母性愛という共同幻想は崩れ始める。そのとき、子を前にして母親が、自分の心の中に母性愛を見出そうとしてそれを見出せず――それはもとより人の内側にはなく、社会というレベルに成立していたのだから――それを自分には母親としての資格はないのではないかと、とまどってしまうのは当たり前だ、と説く。

ここからは、ある問題が浮かび上がってくる。土居が言うように、日本社会で子どもが大人になる、言い換えれば、自立するには母親との甘えの関係が大事だとし、岸田が言うように、母親が社会的に子どもに依存せずとも自立できる社会になって、母親幻想が崩れてきているとすると、母親の自立は子どもの自立と矛盾することになる。すなわち、母親が自立するには、子に甘えさせる労力を使わない方がよい。しかし、子どもは自立するには「よい甘え」が必要だという矛盾である。

こうした、いま起きつつある変化というのはかなり大きな、そして、ある意味で困惑させられることがらである。

それはこういうことだ。日本における「母」の意味の大きさは多くの人が指摘することである。土居も、そのことを、鈴木大拙《すずきだいせつ》を引いて、欧米人の考え方の根本には父があり、日本人には無条件に何もかも抱擁してくれる母がある、と書く。『敗北を抱きしめて』の中でもダワーが、戦犯として処刑された日本人の遺書の中に、母親が戦争や彼の犯罪など、もろもろのことすべてを超越する愛着の対象として現れることを指摘している（下三六〇―三六一頁）。そうした母親像は他の社会にないものではない。だから、ここで問題としているのは、他の社会との比較ではなく、日本社会では母親が特別の位置を与えられてきたという事実だ。それは「甘え」が日本だけの特殊なものではないが、その現れ方は日本に特徴的だとする土居の考えに通じる。いま起きつつある変化というのは、その母親というものの持っていた「特別」な価値を奪うものなのである。

そのことはある意味で、起きるべくして起きている。その理由を、岸田とはまた違う角度から、日本社会のイエにおける「母」の位置から説明できる。現在の母親像は、江戸期以来の日本のイエというシステムにおける母の位置に関わっている。イエとは中根千枝が言うように一番小さなタテ組織、ある意味で経営体である。それぞれはそれぞれの位置を占め、働いている。息子が家長に押さえられ、次男以下は長男に押さえられているのは、明治期ならば、たとえばすでに取り上げた『それから』にも描写されている。

その中で、母は、嫁として外から来た者である。彼女が家の中で「ふさわしい位置」を占めるには、そこで子どもを産むことが必要となる。生まれた息子たちは彼女にとって、そのイエでの存在と老後を保障してくれる大事な存在である。息子の方から見ると、母は愛着の対象ではあれ、家長権をめぐって争う相手ではなく、二者の間では争いは起きない。娘たちはいずれ出ていくものとして、そのイエでは二次的な存在であり、やはり母との争いは起きない。他方、父子の間と兄弟たちの間にははっきりとした競争関係があり、兄弟と姉妹の両性の間にも、その差別から来る軋轢《あつれき》が潜在している。こうした関係の編み目の中で、母と子、さらに限定すれば母と息子には争いは起きない。かえって、ある種の共同関係が生まれる。母にとって息子、とりわけ長男は、イエの中で自分をつなぎ止めてくれる杭《くい》になり、柱になり、ついには自分をその中にすえてくれるイエそのものになる。息子の方にとっては、母は唯一、自分を脅かさない存在である。

江戸期の農業文明段階にあったイエの子どもから見た母親像はこうしてできあがり、母は、日常の他のことを超越した、心の慰藉《いしゃ》を全面的に求めることのできる存在たり得たのである。実際は、養子、養母、父母の離婚、婿養子など、こうした原型を崩すシチュエーションは多々あるが、母親を「特別」とする社会構造は一般に存在し続けた。

母親像の変化と甘えの行方

しかし現在、イエの社会的存在としてのあり方は、すでに大きく変わっている。農業段階から産業段階への移行に伴い、農業は主たる生業ではなくなり、イエを成り立たせていた家督、つまり代々受け継ぐような田畑や、また商家として「暖簾《のれん》」のある家族は稀《まれ》となった。しかし、そうしたイエを成り立たせていた経済的基盤はなくなっても、イエにあった「甘え」、相互依存の関係による情愛の構造は続いている。それは、イエの経済活動や形態の変化とは別に、家族における育児といった、育てられたものが同じようにして自分の子を育てるという、からだを通じての行為の慣習はなかなか変わらないからである。社会の中の価値観や理念は、育児のような「身体技法」によって続きうるのである。

また、そうした母親像は、西洋的な「愛」という観念の移入にも助けられて存続してきたと考えられる。しかし、いまやそれは、子どもの自立、女性の社会的進出、家族の成員が家族の一員である前に「個人」であるといった、産業文明と都市的生活がもたらすさまざまな新たな別種の理念と価値観によって、最終的な変化を要求されている。変化の方向は一律ではないが、農業文明の段階の母親像が弱まっていくことは確実である。時にはパラサイト・シングルといった、逆戻りのような現象も見られるが、それは甘え、心理的な依存関係が復活しているというよりは、経済的な依存関係が、より深い因子として働いていると思われる。

こうした農業文明から産業文明への移行に伴う母親像の変化は、これまでの価値観を失うという意味で社会の誰にとっても、つらいことである。たとえば、産業社会で、女性が社会で働くことが増えてくれば、当然、外から帰って来るといつも「家の中にいる」といった母親は少なくなってくる。もちろん、そうした、「専業主婦」的な「恵まれた」母親がどの時代にどれくらいいたのか、ということは疑問であり、決して「伝統的」であったのではないことが分かっている、しかし、すでに述べたような理由で、母親が、慰藉の、言い方を変えれば、家族を「ケアする」存在であったことは、確かなことであった。私たちの社会には価値観として、そうした母親像というものが強固にあったのだ。

そして、それは、たとえば浮世絵や、また、詩歌、文学によって表現され、「憧《しょう》憬《けい》」されるイメージとなっていたのである。それが実体としてなくなっていると考えることは強い喪失感を伴う。しかし、私たちにとって、より深い問題は、その、実体が変化しているのに、イメージだけは残っているという、変化のタイム・ラグだけにあるのではない。農業文明で作られた母親像はすでに実体として存続することができなくなっていることは受け入れようとしても、それに代わる新しい母親像を描けないことに困惑しているのだ。世に起こる少年少女の、その起きた原因は家庭にあるのか、と思わせる種々の事件を見聞きして、私たちは、「甘え」や「母の愛」について考えざるを得ない。

私は子を愛せない母親が増えているのではなく、子をどのように愛するのかという疑問を持つ母親が増えているのだ、という言い方をしたい。私はその疑問は正当であり、避けるべきことではなく、必ずこの社会が通るべき道であると思う。もちろん「父親像」と、「愛」自体もこの疑問の対象となるだろう。そして、その中で、「甘え」を再検討していくことで、母の自立と子の自立をめぐる問題が考えられていく。多分、変化は始まったが、その終わりはまだ遠いと考えなければならない。

ゲイシャというオリエンタリズム

芸者、この日本語がローマ字、geisha となって、各言語の中に定着したのはその新奇さと独特さが理由である。何が新奇で独特だったのか。このことを考えるのに、エドワード・サイードの『オリエンタリズム』（一九七八）という本で、明らかにされたことが助けになる。

サイードは、近代において西洋という強者、支配者の側が、東洋、オリエント（この場合、アラブ世界を中心としている）という異郷、植民地をどのように書き、表現してきたかを調べた。そこには西洋の側が、客観的とは言えない好奇心と蔑視《べっし》のまなざしで、ある場合は劣った、ある場合は非倫理的な、さらには、エロティックな東洋というものを描いてきたことを暴く。そしてそのイメージは、見られている東洋の側にも支配的な見方として定着する、というプロセスを論じる。そうした「東洋（オリエント）」に対する見方と観念を彼はオリエンタリズムと呼ぶ。

そのオリエンタリズムの中では、被支配者、植民地は女性として表象されることが多い。社会における男女のジェンダー役割の優劣が、そのまま西洋対東洋の優劣の表現として用いられているのである。だから、たとえばもしその両者のあいだに恋が生まれるとすると、それは常に、宗主国の男と植民地の女とのあいだに起きるのであって、その逆ではない(注1)。

たとえばピエル・ロチというフランス人の作家がいた。彼は、トルコで、タヒチで、異国趣味の小説を、まさにオリエンタリズムの視線で描いた。そして、そののち日本にやって来て、日本の女性を『お菊さん』（一八八七）という小説の中に描いている。それゆえ、この作品もその前のタヒチの女性を描いたと同じ異国趣味の小説として書かれていても不思議はない。オペラ『蝶々夫人《ちょうちょうふじん》』はこの小説が機縁の一つとなって生まれていて、やはり、同じように、オリエンタリズムの視線から描かれているると言えるであろう。どちらもある意味で無責任な西洋の男と日本の女性の物語で、内容はといえば、浅いものと言わざるを得ない。

ところが、この二つの物語は、たんにオリエンタリズムの範疇《はんちゅう》に入る、異国の女性との性的冒険というだけのものではない。じつは、お菊さんも蝶々さんも「たんなる芸者」という設定になってはいないのだ。お菊さんは「昔エドで名うてのゲエシャだつた」(一四二頁)女性の娘であり、蝶々夫人は没落した武家の娘となっている。そして、外国人男性は、その二人と「周旋人」による仲介で曲がりなりにも「結婚」する。その意味では、彼らは性的な対象としての「売春婦」に接しただけではないのだ。

この小さな違いにはどのような意味があるか。一方にはたしかにオリエンタリズムの枠でたやすく理解できる、外国人にとってロマンティシズムとエロティシズムの重なり合うところに、性的な対象として存在する日本女性がいる。しかし、同時に受け入れ側の日本(オリエント)には、女性とそのセクシュアリティに関する異なる文化価値とシステムがあり、そのシステムの内側では、彼女たちは外から見えるのとは違った存在である。日本に来た西洋人も、ドラマの中で、そのシステムの中で振る舞うこととなる。

さらに、じつはその日本の「売春」の制度すら、日本の「女性とセクシュアリティをめぐるシステム」全体の一部である。「売春」の制度のゲイシャも、イエの制度の母と同じ、「ケアする女」としてそのより大きなシステムの中にいる。異国趣味のピエル・ロチのような人にとっては、行く先々の非西洋の社会で、彼のような異国人を受け入れる「女」はいたはずである。日本でも、その女たちは彼らのオリエンタリズムの中での幻想的な存在であった。しかし、違いはその女たちが、日本における「ケアする女性のシステム」の中の存在でもあったことだ。西洋の男たちは、西洋の男の視点から日本の女を捉《とら》えながらも、逆に日本のシステムの中の男としても取り込まれている。その中で、「ゲイシャ」を発見するのだ。その違いが日本を外から見る目には大きな違いであり、「ゲイシャ」がある符牒《ふちょう》、シンボルとして、日本の女性全体にかぶされて使われることをもたらした。これが違いの意味である。そうしたことが起こりうる、「ケアする女性のシステム」の日本における存在が、新奇で独特なのである。

母と芸者のマトリックス

日本における女性とセクシュアリティをめぐるシステムの根幹には、伝統的な女性の区分である母と芸者のマトリックス（第1図）がある。

もちろん母も性行為をするし、芸者も妊娠する。しかし、母は積極的な性的な行為者ではないし、芸者は芸者としては産めない。

日本では、伝統的に、農村における夫婦は、短い期間に子を産み、夫婦間の性交は欧米と比べると比較的早くから行わなくなることが知られている。年を取ってからの出産を恥じること、そして最近話題にされている、高齢者のセックスが「ないもの」と思われて来たことなどはその傾向を表すものである。では、性交が消極的になった夫婦はどうなるのか。妻は母として、義父や夫に加え、よりいっそう子に向かって愛情と労力を注ぐことになる。そこに日本独特の「甘え」の濃さが生まれるのはすでに述べた。夫の方には、性的な相手として、江戸期より、婚外性交をする「芸者」というものが、高価なものから安価なものまでとりそろえられていた。もとより、芸者との婚外性交渉はどんなに安かろうとそれを払えるだけの金があってのことだが、可能性としては常にそれがあること、そして、「芸者との婚外性交渉」という言葉が意味を成さないように、「婚外」の性交渉が社会に許容されていたということが、「ケアす

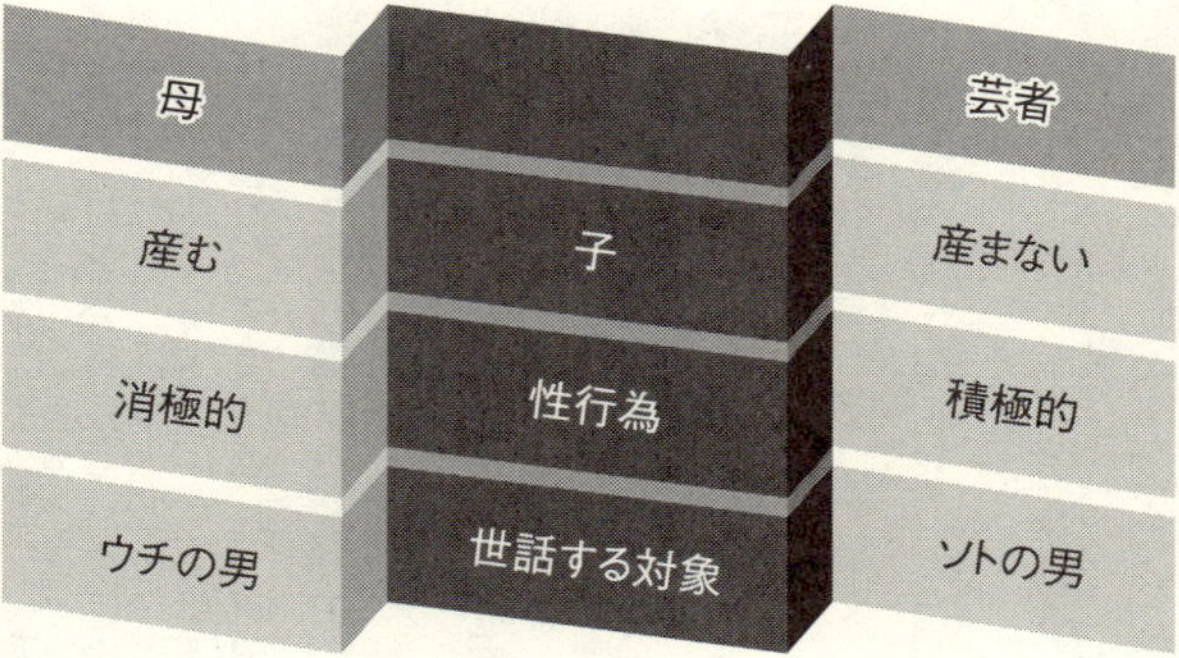

第１図　母と芸者のマトリックス

る女性のシステム」が存在するための重要なポイントである。

その芸者は、子を産めない。もし産んで育てるのなら、芸者をやめることとなる。しかし、正式に結婚しないとしたら、その立場は母子共に不安定で、しばしば、子を父親の方に渡し、再び芸者に戻る。蝶々さんがオペラの最終幕で子をアメリカ人の夫に渡すのは、まさにその日本の女性とセクシュアリティのシステムが投影している。ドラマの中で蝶々さんは、母と芸者の両方の性格を備えている。またはそのあいだにいる存在である。その存在とは？　お菊さんと蝶々さんの二人が、Madame Chrysanthème, Madama Butterfly と呼ばれ、夫の名を冠されていないのは、たんに愛称という以上に、彼女たち二人が、正式には「結婚」していなかった、愛人でしかなかったことの現れである。つまり、母と芸者のあいだにいる「妾《めかけ》」という存在である。それもまた、日本の「ケアする女性のシステム」の中に存在する役割である。

しかし、ここで注意しておかなければならないのは、芸者という存在が、社会階層としては下位に置かれ、経済的な強制によって不自由な身にあった、という当たり前のことである。日本における「芸者」がすべて「花魁《おいらん》」のように一種の文化人であり、「椿姫《つばきひめ》」のようにCourtisame「高級娼婦《しょうふ》」なのだという俗論は意味がない。しかし、「芸者」が日本の社会、文化の価値体系の中で、たとえば西洋における「売春婦」とは違った価値づけが与えられ、日本の文学や芸術において、重要な文化シンボルであり、文化のファクターであったことは事実である。第一部で扱った九鬼周造《くきしゆうぞう》『「いき」の構造』（一九三〇）でふれたように、芸者は日本文化の中で重要な「色」の世界を担っていた。そして、すでに述べたように、日本では「売春婦」という存在は、家庭の妻・母とセットになり、男性の性的対象として社会に受け入れられていた。

外国人が発見した日本のゲイシャとは、オリエンタリズムの枠組みからは、性的対象としての「植民地の女」となるが、日本の異なる「女性とセクシュアリティのシステム」の中ではある女性役割、または性的な側面を指す言葉になっている。すなわち、『蝶々夫人』や『お菊さん』のように、外国人にとって性的な相手として日本女性が立ち現れたならば、それは伝統的な枠組みである母と芸者のマトリックスの中でとらえれば、結婚が正式には成立しないあいだがらでの性的パートナーであるから、「芸者」ではなくともゲイシャと呼ばれる存在だったと考えられる。

世話（ケア）する女

こうした芸者の魅力と機能はたんなる性的な対象にはとどまらない。日本では、芸者は、母と共に、身体的な世話（ケア）をするジェンダー役割を担っている。日本女性、それが外国人に「ゲイシャ」として現れる場合は、その幻想から妄想までの中で、ロチであれ、ハーンであれ、最新のゲイシャ小説、アーサー・ゴールデンによる『さゆり』（一九九七、邦訳一九九九）まで、この「世話」をする女としてのゲイシャが主人公である。こうした世話（ケア）する女は、宮本常一の「土佐源氏」の中の男の述懐を、とりわけ「女は男の気持になっていたわってくれる」（『忘れられた日本人』一五七頁）の部分を思い起こさせる。これがどのように男性からの一方的なイデオロギーとして存在し、それがどのような幻想、妄想となって、実在から離れていたかは議論が必要なところである。しかし、ここで主張するのは、そうした幻想と妄想を持続させるために、現実は常に解釈し直され、「ケアする女のシステム」は、母性愛からセクシュアリティまでを生み出す装置として実在してきた、ということである。

すなわち、本章の前半で述べたように、日本で女は農業などの生産に直接、役割を果たしてきたが、家庭内（ウチ）では、「仕える」という言葉で表される、世話（ケア）する役割を、舅《しゅうと》に対し、夫に対し、そして子に対して果たしてきた。舅に対しては、いまの言葉でいえば介護を、夫に対しては性的に、そして子に対しては養育を、それぞれケアしてきたのである。そして、このケアは、母の家庭内の位置が確かになるにつれ次第に子に向けられる割合が多くなることはすでに説明した。この夫が家庭の外に出たときに性的なケアをするのが芸者である。じつは先に述べた女とセクシュアリティのマトリックスが成立した江戸期には、芸者の相手には、妻との関係を切り上げた夫だけではなく、妻を持てぬ次男、三男、参勤交代の武士や出稼ぎ、そして何らかの理由で独身である男たちという大きな消費者集団がいたことが知られている。この後身である現在の性的産業の顧客たちもやはり、そうした、それぞれの理由による、夫や独身者や単身赴任者であることは変わらない。女とセクシュアリティのマトリックスは、いまも機能しているのだ。

そして、母と芸者の間は職業集団としては截然《せつぜん》と区別されているものの、母と芸者のジェンダー役割としての区分は重なり合っている。言い換えれば、日本では、女は男に対して「母であり同時に芸者である」ということになるだろう。あるときは男を「男」として、またあるときは男を「子」として世話をする。それは家庭とは限らず、会社やあらゆる「世間」で、女はお茶を汲《く》む「茶汲み女」としてのゲイシャ・ジェンダー役割を担わされてきた。そして、江戸時代の茶汲み女がそうであったように、そうしたケアするすべての女のジェンダー役割に、性的な色は濃淡はあるが沁《し》みわたっている。バーの女主人が、「ママ」と呼ばれ、客が「〇〇ちゃん」と呼ばれているところに、母と芸者を、「子」と「男」を、そして性的であるか否かを、はっきりと区別する線はない。

注

（1）たとえば、日米の合作映画といったものの中に恋が出てくるとしたら、どちらの男優とどちらの女優との恋になっているかは、もうお分かりであろう。その点で、日韓の合作のドラマがどうなるのかは興味深い。私は以下、外国人というものを、欧米人に限定して考える。それは、ゲイシャは、こうした欧米人のオリエンタリズムと呼んでよいまなざしのもとに作り上げられたイメージだからである。韓国や中国、また東南アジアの人たちがそれほどの魅力をゲイシャに感じているようには思えないのは、日本とアジアの間にこうした関係がないからである。むしろ、近代に入って日本が近隣アジアにオリエンタリズムの視線を投げかけた、といってもよいであろう。『旅愁』の「妓生《キーサン》」の話が思い出される。

第九章　サムライとサラリーマン――文と武の男たち

「高貴な野蛮人」としての武士

ゲイシャという女のステレオタイプが、かくも長く、ある種の魅力を外国人に与え続けている理由は前章で説明した。一つには、オリエンタリズムの枠組みで性的な対象として「芸者」に関心が払われること、もう一つには、日本の「女性とセクシュアリティをめぐるシステム」の中で「ケアする女」という女性のあり方が、「芸者」のみならず、日本の女性一般に感じ取られることである。後者のケアする女という特徴的なあり方は、そのシステムの内部に暮らす日本人には、「特徴的」とは感じ取られない。

さて、ではもう一つの日本人のステレオタイプ、サムライが未だに日本男性のイメージとして残っている理由は何なのだろう。

サムライもまた、一つにはオリエンタリズムの枠組みによって、優位に立つ西洋が劣位にある異国の男たちを見るときのステレオタイプとしてイメージされている。決して西洋と同等には扱わないものの、その男として持つ勇気といった伝統的な価値には、西洋にも同じものがあるとして、一定程度の敬意を払うという態度である。映画『アラビアのロレンス』におけるアラブ人のような扱い、ノーブル・サヴェージ(noble savage)「高貴な野蛮人」という見方がそれである。

これは文化人類学の前身でもある、博物学などの異人、異文化についての見方であった。時代遅れではあるが、高貴さは持ち、しかし、文明の基準からすれば、「野蛮」という位置にあるという、一九世紀の社会進化論の影響も加わった考え方である。幕末に日本が遣欧使節として送り出した武士たちは、いずれもこうした「評価」を受けたようだ。近代文明から取り残された人々が、その儀式張った立ち居振る舞いや作法から、軽い揶揄《やゆ》と適度な敬意をもって迎えられるという、その後も、外国から日本人の男に対して、向けられる「オリエンタリスティック」な視線である。このイメージは現在でもある強さを持っている。たとえば、野球選手のイチローのアメリカの観客による観られ方にはそれがあるようだ。その実力を彼らが認め始めた時期に、そのバットを高く立てて構えるフォームと相まって、「サムライ」としてとらえるコメントがしばしば聞かれた(ひょっとするとイチロー自身の意識の中にもあったかもしれない)。

もとより、西洋の作り出したイメージ、「高貴な野蛮人」には、その伝統にあえてとどまり、滅びを自覚しながらもそれを甘受するというあり方も含意されている。そうした自分たち以外のものを「滅び行くもの」として語ることは、西欧近代の一つの特徴であった。そこには、西欧自身がそこから変容してきたという過去へのノスタルジアもあったのだろう。

しかし、そうした西洋の方から固定化してかかるイメージとは逆に、日本は幕末以来明治維新を経て、「近代」を装い、その鎧《よろい》をまとおうとしたのである。それはビゴーの風刺画やいわゆる「鹿鳴館《ろくめいかん》」の表象に明らかである。日本は西洋を模倣し、自らサムライのイメージから変身を遂げようと努力した。ちょんまげを切り、洋服を着て、三四郎が心引かれる「シャンペンの世界」を作り出そうとしたのである。このことは文明とキリスト教で「野蛮人」を「教化」しようとする西洋にとって、ある意味で望むところであり、不思議ではなかった。しかし、彼らのそれまでの植民地主義の経験の中では、そうした人々の努力には言わずもがなの限界があるのであった。しかし、日本の近代化への取り組みの素早さは他の東アジアも含む「オリエント」の中で異質と見えた。ましてや、それが日露戦争での勝利という成功を収めるに至っては驚きとなった。

乃木将軍と『武士道』

こうなると、日本人のイメージは、どこに定まるのか。

日露戦争前後、それは日本が欧米の友好諸国、イギリスやアメリカその他に最も高い評価を受けていた時期であるが、その頃の日本人のイメージは、サムライであることと、西欧の模倣者であることの二つのあいだで揺れていた。日露戦争に従軍した欧米人記者が書いたその戦争における日本は、やはり、サムライの後身としての日本の姿と、新たに勃興した小さな帝国主義勢力というイメージとの二つがずれて重なっているようである。そして日本の側も、自ずと日本というものを外に表現するとき、西欧と同じ国家制度と軍事力を持つという「共通性」を強調して振る舞うだけでなく、サムライの伝統を持つものとして、「高貴な野蛮人」という「固有性」を逆利用しているところがあった。つまりゲイシャの場合と違うのは、日本人の方も積極的にそれを前面に打ち出したという点である。

たとえば、日露戦争の乃木《のぎ》将軍の振る舞いは、意識的か無意識的か、多分に外国の武官と記者の目を意識し、彼らがなぞりそうな武人のイメージを演じていたと見える。乃木将軍個人を、その経歴もふくめて評すると、記録より記憶に残る野球選手、といった趣がある。その軍歴にはいくつかの失敗があり、日露戦争でも、むしろ彼の作戦は戦争の遂行の足を引っ張ったところがある。しかし、彼の風貌《ふうぼう》と子を戦場で失った悲劇、ロシアのステッセル将軍を敬意をもって遇した「美談」、そして後の「殉死」は、「高貴な野蛮人」のヴァリエーションとしての「滅び行く高貴な武士」といったイメージを与える。それは、日本の生々しい帝国主義的野望を覆うのに一定の役割を果たしたと考える。

第一部で扱った新渡戸《にとべ》稲造《いなぞう》『武士道』もそのような、近代化された「高貴な野蛮人」というイメージを前面に出している。しかし、その書物は、近代性と高貴な野蛮人性の、両面作戦をとって書かれている。一方で、西洋の騎士道や思想、道徳に対応すると同じようなものが、日本の「武士道」の中には仏教、神道、儒教からの伝統を受け継ぎ東洋の精神、道徳としてあるのだとする。それは、治外法権の撤廃、対等の外交を図っていた日本の方針にも適合していた。日本は西洋と同レベルの歴史を持ち、それは近代化を十分に可能たらしめるものだという、共通性を強調する主旨である。もう一つの主張は、独自性、固有性である。『武士道』第十二章「自殺および復仇の制度」での仇討《あだう》ちと切腹の説明、描写は、なんといっても西洋の読者を驚愕《きょうがく》させたことであろう。近代化を達成するだけでは、その近代化への行進の一番後ろについたに過ぎない。しかし、日本にはまた固有のものがあると主張することで、最後尾の存在ではないとアピールしたいのだ。

しかし、クリスチャンの新渡戸が自殺について称揚するというだけでずいぶんとおかしいことである。そして、米国人の妻を持った彼が、武家の女性の、影のように生きるあり方を、どれほど自分の価値観として矛盾なく持っていられたかも疑問である。もともとこの西洋との共通性と日本独自の固有性の二つを抱えて、両者はあるレベルで相反するにもかかわらず、両方を主張しない限りは西洋近代の圏外に置かれるか、最後尾の存在になるしかないという事態は、遅れて近代化を果たした「東洋」の日本が抱えているディレンマであった。ところが、この二つをバランスよく押し出していくのは、かなり難しい。新渡戸のような、バランスの取れた国際的な視野を備えていた知識人ですら、『武士道』の中で、独自性を強調しているうちに、著者にある種の「高揚感」が訪れたのか、筆が走ってしまったのではないかと思われる。新渡戸自身、明治維新を六歳で迎え、一六歳で受洗した、武士としての実体験は限りなく小さい人間であるのに。

いまに生きるモデル

まずは、表面上の主張として近代国家の中で「西洋」との共通性を強調するのであるが、いったん固有性を語り出すと昂奮《こうふん》して正確さを失い、独自性を、相手の「オリエンタリスティック」な枠組みに迎合するかのように誇張をしてしまう。これは、書物になった「日本人論」に限らず、日本人が、ことに外国人を前にして議論する際に見られることでもある。このことは外部の人間の日本理解をしばしば妨げてきた。こうした理由で、ここで取り上げているサムライは、日本人自身が扱いかねるイメージとなっている。

考え直してみると、サムライもゲイシャも、両者とも、外国で流通している商品である。日本では使用しないが、外国人用に作られたもの。しかし、日本人にとっても「武士」は時間的に遠く、生涯、芸者など見たことのない日本人も多いいまとなっては、無意識のうちに、外国人と同じようなオリエンタリスティックな視線を自分たちの「過去」に向かって投げかけている。

芸者を描く小説は、花柳《かりゅう》小説として、かつては永井荷風《ながいかふう》、少し前には舟橋聖一《ふなばしせいいち》と書き継がれてきたが、いまその伝統は絶えた。一方、ゲイシャを扱った作品は、ロチ以来いくつかあるのだが、久しぶりに先に挙げた『さゆり』によって書き継がれることとなった。『「いき」の構造』は小説ではなく、芸者をめぐる美意識についての分析である。しかし、それがそれ以来誰もフォローしない孤高の本となっているのは、そこにすべて書き尽くされたからではなく、その美意識を再度検討する対象、「いきの世界」が消滅してしまったからである。かくして世界にゲイシャは生き延びているが、日本において芸者はほとんど滅んだ。

しかし、現在ある「水商売」、あるいは「アダルト産業」と呼ばれる分野が、こうした日本の「ケアする女」の伝統から切り離されて存在しているわけではない。ここには日本文化の連綿たる「伝統」が潜んでいる。それは飯島愛『プラトニック・セックス』（二〇〇〇）を読んだりする年若い女の子の中にも続いていることが予想される。

武士について書かれた本で、芸者にとっての『「いき」の構造』にあたるものとしては、戦後では、三島由紀夫の、『文化防衛論』、『葉隠入門』がある。三島の自意識はどうあれ、武士の意識が生きていた時代からは遠く離れた一九六〇年代にこうした「アナクロニスティック」な本を書くとしたら、彼が最後には切腹したこともふくめて、「武士」としてではなく、むしろどこかで捨てたものを「取り返した」後の、外国人にとっての「サムライ」として、書き、行動したとしか考えられない。

また、吉川英治の『宮本武蔵』が戦前の日本人、すでに「武士」からは幾世代か隔たった人々に、教養小説として、読者の自己形成のモデルとして読まれたことはよく知られている。いままたそれが、井上雄彦の『バガボンド』としてリメークされ若者に広く読まれているのは、まさに「サムライ」を再び、逆輸入して読んでいるといってよいかもしれない。ただそこにも、「武士」、「サムライ」と来て、もう一つ新しい第三世代の「ネオ・サムライ」のような感じがある。それは、ポストモダン、といってしまえば当たらずといえど遠からずであるが、「マンガ」によって書かれていることで、その「宮本武蔵」が置かれている場所が、偉人、人生、生きがいという棚ではなく、スポーツやファンタジー、ゲーム、といったジャンルの中でたとえば「キャラクター」という存在に変わっている。その上で、それが「人生」や「生きがい」に関係づくことはありうるのだが、最初からそこに関係の糸が張られているのではないのだ。

しかし、こうした「サムライ」モデルの現在での使用法も、ある意味で限られているし、もう一度それが一般的なものになることは近い将来には見えない。しかし、武士のモデルは、この明治以来の年月を経て、敗戦を経験したのちに、戦後の日本人のある支配的モデルとなったのである。それがサラリーマンである。

武士からサラリーマンへの変容

サラリーマンが武士からの変容であることはしばしば指摘されている。藩が会社に、家臣がサラリーマンに比定される。

しかし、このサラリーマンが武士から受け継いでいるのは、「武」よりは「文」の側面であろう。お隣の朝鮮半島では、儒教の考え方の中で、武官と文官は分かれていて、もちろん文官が常に優位であった。日本の場合は、武士は武官であり、かつ文官であった。長い平和のあいだにより文官の意味合いが濃くなってきたのは、当然であろう。しかし、幕末になると再び、収めていた刀が抜かれたように、その「武」の側面が消えたわけではなかったのだ。明治以来日本のエリートは、軍とそれ以外に分かたれた。官僚と民間人は「文」である。明治以来「大東亜戦争」の終結まで、権力の所在の状況に変化はあったが、軍、つまり「武官」が国の基幹と急所を押さえていたというのが、その八〇年の総括として正しいであろう。

その第二次世界大戦後は、軍がなくなったことによって、武士の二つの側面のうちの文官の時代が来た。もとより、これは多くのことを捨象しての話であるが、一九四五年を境にして前半の八〇年は軍人が、後半の六〇年は「サラリーマン」が、主役であった。以下このことを説明するのだが、予《あらかじ》め補正をしておけば、この「サラリーマン」には、官僚も入るものとする。いや、実際、不思議なことに、日本の官僚は、自分の省のことを、「我が社」と言ったりするのである。

そのサラリーマンによって担われた日本は、一九八〇年代後半に、その対外的経済力がピークに達する。それが実際にどのようであったかは未だに記憶に新しく、その後の「バブル崩壊」と名づけられた「事件」と共に語られるのが定式となっている。「定式」というのは、すなわち、「日本」という物語の、悲劇的な、転落の筋立てとして、という意味である。私はこの定式化は事態を正確に表していないと思っている。私は現在、悲劇が起きているとは思わない。少なくとも現在起きているのは「不景気」であって、世紀に一度のような真の意味での悲劇ではない。バブルの崩壊は悲喜こもごもの寸劇であって、悲劇があるとしたら、それは現在の「不景気」を起こしている深いところにある問題がその正当なかたちを取って現れるときで、もっと先に来るのではないかと思える。そのかたちとは「戦争」か、たとえば「国債」の暴落による、バブル崩壊ではなく「経済崩壊」である。

そのことは第三部で少しふれ、本格的に論じるのは別の機会を考えるとして、ここでは、その一九八〇年代後半を挟んで書かれた二つの「日本人論」にふれることでサラリーマンを論じようと思う。

『ジャパン アズ ナンバーワン』――サラリーマン・モデルの陽の側面

エズラ・ヴォーゲルの『ジャパン アズ ナンバーワン』（一九七九、邦訳一九七九）もいまでは、日本がそんなことを言われていた時代があった、というお定まりの口調で語られている。それは誤りである。この本に書かれていることで日本が未だに「ナンバーワン」であることは少なくない。目次を眺めていくと、優れた技術、就学率の高さ、スポーツの基礎的学習の充実、コンセンサスのための知識の共有、集団としての団結力、教育に使われるテレビ放送の量と質などを挙げることができる。本の中身からは、大筋で、労働者の労働への意欲、経営者の問題解決への熱心さ、官僚の国家への忠誠など、最近は疑問符を付けられながらも、未だに日本人の特徴として挙げられるものがある。そして、それはおおむね「サラリーマン」という語で呼ばれる日本人の特徴なのだ。

いまこれらが疑われて来ているのは経済指標に結果が出ないからであって、その意欲、熱心さ、忠誠自体は、変化しながらもなくなってはいない。すなわち、本書はいまでも読みうる本である。ことに、最終章の「４　成功後、日本のモデルは生き残りうるか」などは、平成大不況の問題を予見して、驚くほど正確である。

それならば、なぜこの本がいまとなっては笑い話であったかのように誤解されているのか。それを考えるために、この本がどのように書かれたかを見る。まず確認しなければならないことは、この本が、一九七九年に書かれていることだ。日本が「ナンバーワン」かもしれないという蜃気楼《しんきろう》が現れた一九八〇年代末ではなく、その一〇年も前、つまり日本が未だ「ナンバーワン」でなかったときに書かれているのだ。また「ナンバーワン」という言葉も、本書では「世界一」を意味すると考えるべきではない。「ナンバーワン」が当然であるアメリカと日本を比べて、「どっちが上？　意外にも日本が上のことが多々ある」という意味で読むべきなのだ。つまり、この本は、全くもってアメリカ人読者に対して、このまま行くとアメリカがナンバーワンでなくなることだってあるぞ、と早めに警鐘を鳴らす「日本人論」であり、かつそれを鏡としてアメリカを考え直す「アメリカ論」でもあるのだ。

私自身、この本を発刊直後、滞在中のイギリスで読んで、誉められすぎのこそばゆさを感じた。ちょうどその当時、イギリスでも十数回にわたって日本特集の「Inside Japan」というテレビシリーズが放映されていて、農家に立ち寄ってお茶を飲んでいる駐在さんの映像などを見て、そういえば警察と人々との関係で、こんな風景はアメリカはおろかイギリスでもあり得ないなと感じたものだった。しかし、この本を冷静にとらえれば、アメリカ人がアメリカ人の必要から、アメリカ人の気づいていない日本の「社会システム」の長所に着目した一般向けの本である。ただ、その時期から高度経済成長の仕上げの時期が始まり、日本社会に円高によるバブルが出現し、その高揚の「不安」を説明するのに、この本が「日本人論」として好都合であったのだ。すなわち、「サラリーマン」が作る経済大国日本が「ナンバーワン」かもしれないという幻想と、アメリカは双子の赤字でもうダメだという言説が生まれ、それを綺麗《きれい》に説明するか、と見えたのだ。それが一転して、一九九〇年代に日本は所詮《しょせん》ナンバーワンにはなれっこないという言説と、アメリカは世界を支配する唯一の超大国であるという認識が生まれると、この書、『ジャパン アズ ナンバーワン』は笑い話のように見捨てられた、ということである。すなわち、書かれた目的とはややずれて日本の隆盛という現実が読み込まれ、現実が期待に反するようになったとき、読み捨てられたのである。

しかし、当時日本がナンバーワンになれるかなれないかといった調子で語られたことは、いずれも現実についてのある一つの語り方、または幻想であって、事実の言明ではない。一方、事実としては、ヴォーゲルが指摘した前述の日本の長所のいくつかは未だに健在である。そしてそれらが、彼の「日本のモデルは生き残りうるか」で予想されたような、先端的技術に関する他の国からの追い上げ、人件費の高騰、社会の老齢化、企業の借入金の返済の困難、不況時の弱者のリストラ、政権の不安定さによる行政の効率の低下等々によって次第に危うくなっているというのもその後の事実を言い当てている。

　書き過ぎの箇所も散見するが、この本は、日本のある側面に光を当てて浮き立たせた、研究者が一般の読者に向けて書いたすぐれた啓蒙書である。それが、大いに読まれ、すっかり忘れられているのは、日本人の国の上り調子にも下り調子にも不安を感じる傾向が、それを説明してくれる理論を読みたい、と思ったからであり、元々の本の成り立ちからではない。これはアメリカ人のために書かれているのだ。

　では、ヴォーゲルが光を当てた日本社会の戦後の一面とはなにか。それがサラリーマンである。ヴォーゲルは日本人の長所を、一言で「集団としての知識の追求」（四七頁）と表現する。これは、「職人」のところに出てきた「工夫」と通じる。「プロジェクトX」のテーマ、無名の人々の努力と気づきである。『ジャパン　アズ　ナンバーワン』で書かれている人々は、「サラリーマン」と読み替えることができる。ただし、すでに官僚などもこの内に入ると書いたように、サラリーマンとは会社の人間と限定することなく、集団の中のある一人という意味合いである。そして、それは戦国時代や幕末の動乱期の「武」としての側面が強いそれではなく、江戸時代の藩の中に生きる「文」の側面の強い武士の後裔《こうえい》としてのサラリーマンである。

　このサラリーマンには、日本が農業文明であったときの、最も一般的な社会単位であるムラの中の農民というあり方ももちろん流れ込んでいる。しかし、集団に対する忠誠心や、ヴォーゲルの指摘する「集団としての」という視角からすると、それは、働いている限りはムラで生きていくことができる農民よりも、最悪の場合取《と》り潰《つぶ》しのある「藩」と一蓮托生《いちれんたくしょう》で生きていた武士の要素が濃い。

　戦後、軍がなくなったことは大きいことであった。陸軍と海軍が吸収していた人材のエネルギーと才能が、会社と官僚制の中にすべて振り向けられた。企業戦士とは、まさに、武器なしで戦う人間のことである。

　しかし、戦後の日本の高度経済成長の時代の初期、外国で苦闘する戦士たちは、決して欧米で「サムライ」とは見られなかったようである。「サムライ」とはあくまで、武器を手にし、儀礼を重んじるタイプのそれであり、敗戦後の、「軍隊がない」ことを建て前とし、儀礼作法などかなぐり捨てても商品を売り込もうとした人々は、池田《いけだ》勇人《はやと》首相が「トランジスターの商人」と揶揄されたように、決して尊敬のまなざしは向けられなかった。そこには、西洋人にとっての「サムライ」が、武士の「武」

の面のみを強調した「高貴な野蛮人」というステレオタイプであったということがあろう。

しかし、サラリーマンとは戦後の日本が作り出した日本人モデルの結晶であった。戦前の「武」を捨て、組織（藩）への忠誠と「工夫」の職人的側面を持った、江戸時代の「文」の武士の末裔《まつえい》であった。彼らが、戦後の夢であった平和と平等と豊かさを実現したのである。

『人間を幸福にしない日本というシステム』――サラリーマン・モデルの陰の側面

その実現がピーク（峰）に達したとたん、転落が始まった、とこれまた定説化されている。バブル崩壊ののち、一九九四年に出されたカレル・ヴァン・ウォルフレンの『人間を幸福にしない日本というシステム』は、サラリーマン・モデル、その日本というシステムの欠陥とその人々に与える被害を述べてやまない。

いくつかの誇張と筆の滑りはある。たとえば、日本人は「生まれつき」集団志向であるという説があるとし、それを繰り返し繰り返し叩《たた》くのだが、そうした遺伝学的な説があるのを私は知らないし、ウォルフレンもそれが誰の説なのかを書かない。もしそうしたことをいう人がいたとしても、それはインド人は哲学的だ、フランス人は芸術的だといった、説の名に価しない与太話《よたばなし》であろう。もし日本の文化と教育が日本人を「生まれたあとに」集団志向にさせるというのであれば、ありうることだがあまりにありうることなので、それを言っただけではさほどの意味はない。要するに、それは凡百《ぼんぴゃく》のくだらない「日本人論」であって、紙幅を費やす意味はない。しかし、ここで私がウォルフレンを取り上げるのは、彼の著書が『ジャパン アズ ナンバーワン』と対になり、バブル崩壊を挟んで峰の両側に位置していることに意味を見出すからである。

サラリーマンの持つ長所、仕事への意欲、工夫の熱心さ、組織への忠誠は、すべてその短所、仕事以外の価値の貧困、技術が全体にもたらす意味への無自覚、組織への犠牲を招きかねないことは机上の議論でも見て取れる。だからといって、バブル以前には、その長所のみがあり、そのあとに短所が噴き出したのではない。バブルの峰の両側で、サラリーマンの持つ長所と短所は表と裏に張り合わさって同在している。その一方の成果だけをとって、片方の危険を取り除くことは極めて難しい。近代が成立するに当たって練り上げられた、自由、平等、博愛、寛容といった価値には、すべてそれに張りつくようにして、放埒《ほうらつ》、強制、無秩序が、そして誰の誰に対する価値づけかといった難問、ディレンマが存在する。

ある社会をナンバーワンであると評価したり、人間を幸福にしないと断ずるのは、論理的な議論としてではなく、あることを強調して浮かび上がらせるためである。この場合は、日本というシステム、人間のモデルで言えば、「サラリーマン」という存在を浮き彫りにしようとしてのことである。この二人の論者は、正反対のことを書いているようでいて、振り返ってみれば共同の作業をしている。第二次世界大戦後の多くの国の中で、飛躍的な経済成長を達成した日本の、その成功の理由を探ろうとして、ほぼ同じ対象を扱うことになった。すなわち、日本における個人と集団との社会関係である。バブル前の一九七九年にそれを描いたヴォーゲルは、その最後の飛躍を予測して、正の側面を描き、そのバブル以前から日本の持つ問題点を指摘していたウォルフレンは、負の側面からそれを論じた。

アメリカ人向けに書かれた『ジャパン アズ ナンバーワン』を手にした日本人は、上昇の理由を知るために、日本人向けに書かれたと銘打つ『人間を幸福にしない日本というシステム』を手にした日本人は、転落の理由を知るために、それぞれの本を読んだ。その読書は「日本人論」が読まれる根拠、近代の中での日本人であることの不安から発している。二つの書物は、正反対の立場に立っているが、同じものを違う側から見ているに過ぎない。この二書を、サラリーマンという日本人モデルを見るための、合わせ鏡とすれば、最も使いがいがあるだろう。

第十章　「人間」——すべてを取り去って残るもの

「人間」という名の日本人

新藤兼人監督の『裸の島』（一九六〇）は、瀬戸内海の小島に生きる農民一家の暮らしをセリフなしの白黒映像で撮った作品である。単調な日常の中の労働の過酷さ、つかの間の息抜き、そして一家を襲う悲劇が描かれ、ラストで再び元の日常生活に戻る彼らを見て、観客は深く静かな感動を与えられる。私は長い間、この映画のラストにはその感動を誘うように、「それでも人間は生きていく」といった、大きな文字が画面いっぱいに白抜きで入ると記憶していた。しかし、それを確認しておこうと、この映画をＤＶＤで見たのであるが、そのような言葉はなかった。しかし、与える感銘はまさにそうしたものであり、ＤＶＤの紹介文にも、「これぞ人間のいとなみ、人間のドラマ」とある。人はこの映画を見ると「人間」という言葉を喚起させられるようだ。

この「人間」という表現には、言葉や観念といったものとは違う次元で生きていく、生身の存在、という意味が込められている。それゆえ「裸の島」から言葉、セリフはなくなる。そして、ここには「日本の」人というような形容のついた、長い歴史や文化を背景とした存在の仕方よりもっと深いところに、「裸の」人間というものがあるという主張を見出すことができる。その点で、この映画は「日本人」についてではなく、もっと普遍的な「人間」を描いた映画だ、ということにもなろう。この作品はモスクワ国際映画祭でそのような評価を受け、グランプリを取った。

しかし、私はこの映画が人間存在の普遍性を描いたものだとは思わない。こうした人間観はとても「日本的」な、個別のものだと考える。ここにあるのは、本当に大事なことは、実際のぎりぎりの生活のレベルで生まれてくる喜怒哀楽の感情である、という考え方である。しかし私たちは、たとえば、人はこれまで蓄積されてきた「文化」を通して感情を表現し、そのレベルにあるものが私たちにとって価値あるものだ、と考えることもできるだろう。どちらも人間についてのある「考え方」である。しかし、日本では前者の「人間」に強調をおいた思考が、生活のさまざまなところに最終的な解答のようにして現れ、かつそれが非常に強力なのだ。

ユダヤ人とのコントラスト

イザヤ・ベンダサンの『日本人とユダヤ人』（一九七一）は、日本人の、その「人間」という言葉による人間観を、日本独自のものとして論を展開する。

この本は、出版そのものが事件となった。この本はイザヤ・ベンダサンというユダヤ人が書いたことになっているが、その正体は秘して明かされなかったからだ。[注1] しかし、それだけでなく、内容からもこの本は、それまで欧米や近隣アジアと比較して日本を論じるものが多かったところに、思いがけなくもユダヤ人との対比を行い、ユダヤ人というなじみのない人々のあり方を細かく書き込むことで、日本人の特異さを浮き彫りにするという手法をとった点で、日本人を扱った本の中でユニークで、センセーショナルでさえあった。ユダヤ人と日本人という両極端の、コントラストの強い人間集団を比較するという点が斬新《ざんしん》だったのである。中身も、よくある日本人の芸術における花鳥風月への思い、「いき」、「わび」、「さび」などをトピックとして取り上げるのではなく、たとえば日本人が生活の中の「安全」というものに対してもっている認識が、もう一方の極のユダヤ人とどう違うかを描いて、日本人が日常世界でどう振る舞う人々かを説明して見せたのだった。

この覆面作家——いまでは、この「いざや、便出さん」氏は、この本の発行元、山本書店の社主、山本七平であったことは紛れもない事実なので、以下、その名で呼ぶ

――、山本七平はその後こうした人間観、本書で「日本教」と呼んでいるもの、また、「空気」、「常識」といったことを切り口に、多くの日本に関する評論を行った。「人間」、「日本教」、「空気」、「常識」、こうした概念、その意味内容は、中性的で、無性格で、どこにでもあるという点で共通している。空気のように毎日それを吸っているのに感じないという点である。それは『裸の島』の「人間」に通じよう。虚飾を取り払って残る、最も当たり前のもの、原初から与えられている存在ということである。

「理外の理」「法外の法」としての人間

山本は、そうした「人間」というものが、すべてのことがらの底、彼の言葉による「理外の理」、「法外の法」として存在するのだ、と言う。

たとえば、戦後すぐに、闇《やみ》商売で食料を取り引きすることを取り締まる法があったが、それを完全に守れば「人間」として生きていけない。だから、すべての人は闇のルートから食べ物を手に入れることで法を犯していた。その頃それを遵守したある判事が、餓死してしまうという事件が起きた。しかし、このとき、法を守った人に正義があり、それ以外のすべての日本人は、無法者、犯罪者という汚名を着るのが理屈であるが、当時の「世論」はそのようには受け止めなかったようだ。むしろ、「遵守した」人は同情されながらも、「そこまでするのは『人間』らしくない」という感想を持たれたようである。

ならば、そうした法律は廃止すればよいということになりそうだが、山本はユダヤ人であるベンダサンの口調で（ユダヤ人の覆面をかぶることで、日本人を「断罪」するという印象を免れることができる）こう書く。

それならこの法律を国会で廃止すれば良いではないか、と主張する外国人が居れば、まことに日本を知らぬ奴といわねばならない。というのはこの法律は「人間性を無視しない範囲内」では厳然として存在し、それをおかせば罰せられるのである。（一〇九頁）

つまり、法律として国会で決められようと、その条文を理性的に読めばそのとおりであろうと、その理屈の外、法律の外に、「日本教」は「人間」という観念を措定しており、それに抵触するような「非人間的」なこと、たとえば生きていけなくなる、あるいはそこまで行かなくとも、人間らしく暮らせないようであれば、法は無視してもよいと考えられているのだ。山本は、闇米は昔の話としても、いまであれば税金を考えればよい、厳密に適用すればすべての人は脱税している、と言う。税金を厳密に払いすぎるのは、非人間的である、というのだ。

確かにそのとおりである。そして納税側ではなく、税を取る側にもこうした感覚は共有されている。税務署に「必要経費」とはどこまでふくめるかを聞いても、「あまり非常識なのは別として、常識の範囲内で書いて下されば、あとはこちらで見ますから」と法外の法の「常識」を持ち出すのが通例である。これはほんの一例であるが、こうした例は、日常生活において、頻繁に出くわすことである。

こうした日本社会に見られる法外の法という考えを、ユダヤ人の考えと比べると明快に見えてくる。こうした日本人の共有された考え、「常識」は、ユダヤ人のそれのように「神」という人間を超えた存在のレベルにあるのではなく、ましてや「律法」として書かれてもいないのだ。日本では、神ではなく自分たち「人間」が最上の価値なのである。だから、その「人間」のレベルにある「常識」は、「人間」が解釈して使いやすくすることに何の問題もない。

その「人間」自体も、観念として抽象化されてはおらず、常に生身の裸の人間という具体のレベルで捉《とら》えられ解釈され直すのであって、抽象化された言葉で書かれたりはしていない。だから、「人間らしさ」や「常識」は人によって違うし、「読ま」なければならないその場の「空気」は、個人によって読み方が違ってきてもおかしくない。私たちはこの、共有している考え、「常識」の曖昧《あいまい》さゆえに、ふだんの生活で始終、「それは常識でしょう」、「人間ってそんなもんじゃない」と、互いの常識と人間らしさをめぐって言い合いをすることになる。

とはいうものの、そうした曖昧さと言い合いにもかかわらず、日本社会は壊滅することなく動いているし、むしろその安定さを指摘されることが多い。逆に言えば、「人間」や「常識」や「場の空気」を正しく認識するために、日本人は多くの時間を互いの考えのすり合わせのために費やしているということであり、かつ、結果としてはかなりの程度まで、共通理解を獲得することに成功しているということである。これはまた、こうした共通理解を会得しなければ、「日本人になれない」、ということでもある。

産業革命の西と東のチャンピオン――イギリスと日本

この日本人とユダヤ人の際立ったコントラストを探究の糸口にして成った『日本人とユダヤ人』と同じように比較法を用いて、しかし、むしろ、パラレル（並行）な共通性を着眼点として書かれた日本論がある。歴史学者であり、人類学者でもあるイギリス人のアラン・マクファーレンによって書かれた『イギリスと日本』(一九九七、邦訳二〇〇一)である。この本は、なぜイギリスと日本だけが、それぞれヨーロッパとアジアで、他の国に先駆けて産業文明の段階に到達することができたか、という問いを出発点としている。

しかし、じつはこの「イギリスと日本の産業革命」という個別の問題に対する問いの前に、もっと難しい人類史的問題があったのだ。それはマルサスが『人口論』の中で問うた問題である。

つい二〇〇年ほど前まで、人類はすべて農業文明の段階にあった。その段階では、人類はローマ文明、中国文明といった高みにまで達しても、繁栄がゆえに必ず起こる急速な人口増加に食料の生産が追いつかず、その人口過剰は、人類の三大敵ともいうべき「戦争と飢饉《ききん》と疫病」によって減少させられるしかなく、文明はそれによって衰退するという宿命的サイクルを繰り返してきた。ならばなぜ、いまこうして私たちは産業革命によって産業文明の段階に入り、人口の過剰な増加を都市と産業によって吸収することによって、そのサイクルから抜け出すことができたのかというのは、近代史最大の難問であった。それを解くために、マクファーレンは、その産業革命を西と東で成し遂げたイギリスと日本を見てみよう、と考えたのである。

そうすると、非常に奇妙な――人口論を知るものとしては不可解な――現象をイギリスと日本に発見したのだ。過去の人口に関する資料を調べてみると、イギリスでは一八世紀の前半までに、日本では同じ世紀の後半には、出生率が死亡率をやや上回るような形で、死亡率と出生率が共に低いところで安定していたことが分かった。すなわち、この二つの社会は繁栄していたにもかかわらず、人口の過剰な増加がなく、人口微増の状態で安定していたのである。これはまさに人類史上初めてのことだったのだ。

すでに述べたように、それまではいかなる社会でも人口は、高い出生率によって、放っておけば常に増加の傾向にあり、増えすぎた人口は「三大敵」により急激に減少させられていたのだ。そうした不安定なグラフとは異なる、ほんの少し右肩上がりの出生率と死亡率の二本の平行線のようなグラフが出現したのは、両国ともに、「三大敵」を押さえ込み、政治、経済、生活思想の点で安定した状態を可能にすることができたからだ、とマクファーレンは推論する。そこで日本とイギリスが、戦争、飢饉、疫病をいかに懐柔、抑止したかの綿密な検証が始まる。ここはこの本の圧巻であり、小説のような面白さがある。

この検証を済ませて、マクファーレンが行った主張は以下のようである。この二つの国に出現した人口論的な安定状態を社会が確保していたとして、もし何らかのきっかけで、より大きな人口を必要とする要素が入ったとき、たとえば、海外貿易の拡充、新たな需要、新たな発明（蒸気機関）などが起きたとき、その社会は出生率を少し上げることで、それに対応した人口を用意できるだろう。そのことがうまくいって、また新たな働き手が必要となれば、またさらに出生数を増やすことになろう。それまでの人類史では、このとき、人口が増えるとその多くは都市に集まり、衛生状態が悪くなり、疫病が流行し、また増やしすぎた人口は社会の不安定を生み、戦争の可能性をもたらし、いったん戦争が始まれば農業の荒廃から飢饉を生み……と、悪循環が起きて、増えた人口は減少されてしまっていたのだ。しかし、イギリスと日本の社会・文化は、そうした人口増に対し、死亡率が高まるのを抑えるだけの弾力と耐性ができていた。だから、イギリスと日本に、あるいくつかの偶然がもたらされ、二つの社会は産業文明の段階に離陸した。

ただし、マクファーレンにとって、産業革命が両国で一八〜一九世紀に起きたのはどちらも同じように「意図と偶然」の連鎖が起きたことによるのであり、連鎖の環《わ》の一つである蒸気機関を「発明」したイギリスで産業革命が起き、それを移入した日本は真似をしただけということではない。きっかけに大きな価値があるのではなく、それを可能にした社会をイギリスと日本が、産業革命以前に作り上げることに成功していた点を強調するのである。

彼はこうした成功にとって、一番大きな要素となったのは、両国が「大きな」島国であったことを挙げる。戦争と疫病はかなりの点で、それによって避けることができる。飢饉はその二つを避けることができると、かなりの程度まで防げる。この大著は、このように、「島国」といった、誰もがぼんやりとは想像していた両国の特異性の根拠から発して、綿密な資料の探求によって得られた細部を、二国の共通性だけではなく多く存在する相違――たとえば家畜飼育の規模――への注意も怠らずに、描き込んでいく。

産業革命ではなく勤勉革命

歴史人口学の速水融は、こうしたことの日本における達成を、「勤勉革命」(Industrious Revolution) と呼んだ。Industrial Revolution（産業革命）のもじりである。しかし、この言葉には、もちろん言葉のもじり以上の実質的な意味がふくまれている。勤勉さは日本の近代成立のキーポイントである。『裸の島』で執拗《しつよう》に映される、高い畑地への「水運び」は、日本の農民、さかのぼれば江戸期の人々の労働を象徴的に描くものである。第七章の「職人」で述べた、労働条件の悪さというよりはそれが「生き方」になっている日本人の「忙しく働く」勤勉の思想は、マクファーレンがいうところの人口論における出生率と死亡率の安定した社会を作る原動力でもあり、その結果でもあったのだ。

この江戸期に作り上げられた生活社会は日本の歴史の中でも傑作の一つであろう。何しろ、農業文明の段階で戦争もなく、同時期の世界の諸社会と比べて大きな飢饉も疫病もない「平和」を、二世紀以上維持したのだから。この時期の日本社会は『裸の島』に見られるように、可耕地はすべて耕すことに始まって、何でも無駄にせず食べ、食べたあとの排泄物《はいせつぶつ》も肥料とし、そして「女」の労働力と「ケア」に多く依存しつつ、(注2)粒々辛苦《りゅうりゅうしんく》して成り立った「持続可能な循環型社会」であった。これを作り上げ維持する過程で、多くの日本人論に取り上げられるような「工夫」、「世間」、「甘え」といった現在にまで続くさまざまな「日本的行動」の原型を生み出したと、私は考える。

まず、この社会は経済だけではなく、人間関係も緻密なシステムに組み入れられてできあがっていた。キリシタンの禁制がもたらした人々の管理体制の徹底性、それがまた、日本人にとっての仏教を世俗化、つまり、現実生活の意味の方に軸足を置くようにし、宗教としての超越的な側面を弱めたのだ。そのことは神道の、教典のない「自然宗教」的な側面と――それまでにも両者は神仏習合というような混交的な関係は持っていたのであるが――親和性を持って重なり合い、日常的なレベルでは、山本七平の言う「日本教」となったと言える。また、この江戸時代における村組織、都市・村落における五人組などの連帯責任を伴った相互監視体制の強化は、ベネディクトの指摘する日本人の集団、中根のイエを代表とするタテ組織、そして阿部の「世間」の中に現れる種々の慣行や掟《おきて》となって現れていると考える。

マクファーレンの『イギリスと日本』は、このように、これまでに扱った日本人論の議論に、歴史的な根拠を示してくれる興味深い本である。たとえば、日本社会が与えられた問題を解決するのに長じていて、問題を作り出す能力がないのはなぜか、ということを考えてみる。日本では集団の中で、小さな相違（反対）でも異様な熱心さでそれをなくすよう努める、そしてどうしても問題が解けないときは問題は「ない」とする、また、問題を作り出す人間を極力押さえ込む、それが全体を新たな段階に進ませるかもしれない可能性は検討しない。こうした傾向は、二〇〇〇年以上、人間関係においても生態的にも「循環」しているシステムを壊すようなリスクは避けて、システムを「維持」することに腐心してきた歴史的経験の結果と考えると、見えてくるものがある。

マルクスからマルサスへ

山本七平は『日本人とユダヤ人』で、ユダヤ人のイザヤ・ベンダサンという存在を仮構し、「ユダヤ人の考え」という視点から論を進めることで、一九七〇年代までの「日本の知識人」が持っていた左翼対右翼の図式、そこにあったイデオロギーや常識から離れようとした。日本を論じるのに持ってくる対比物が、西欧の啓蒙的理性でもなく、マルクス主義的イデオロギーでもなく、全く次元の違うユダヤ思想というところで、日本的な論壇の常識などを無化しようとしたのである。

マクファーレンの本は学問的著作であり、方法論は、はっきりしている。マルサスの人口論を批判的に受け継ぐことで新たな歴史人口学を作り出したケンブリッジ大学を中心としたグループの流れの中にある。歴史的な推移を見る視点はダーウィニズムとも言ってよいが、なによりもマルクスではなく、マルサスであることがその特徴である。

また、本書では詳しく取り上げないが、日本を論じた戦後の著作に、梅棹忠夫《うめさおただお》の

『文明の生態史観』（一九六七）がある。そこでは、ヨーロッパとアジアがユーラシア大陸の両端で、ある相同性を持っていることが論じられている。その点で、マクファーレンの仕事とも重なる論が展開されている。京都学派の流れを汲《く》む梅棹の著作は、遠く志賀《しが》重昂《しげたか》の『日本風景論』、和辻《わつじ》哲郎《てつろう》の『風土』からつながるものと言えよう。これも、マルクス主義的な歴史観とは異なる、「人間社会」を生態的にとらえた仮説である。

以上の三つに共通するのは、マルクス主義的歴史観への批判といえば少し決めつけすぎであろうか。しかし、「日本」をマルクス主義的にとらえようとすると、一五〇年前の思想家による偏ったアジア観の中で日本をとらえなければならなくなる。そこまで異様でなくとも、近代の初期に、唯一非西洋社会で近代化を成し遂げた日本を考えるとき、避けて通れないその固有性を、マルクス主義を始めとする「近代化」論にあてはめて解釈すると必ず「余り」が出る。こうしたことに対する解答として、山本とマクファーレンの著作はそれぞれ歴史的な近代化論とは違う、宗教的な人間の存在的次元で、歴史人類学の視点で、日本の固有性を他の社会との比較の中で論じているのだ。

注

（1）この本は、同年の大宅壮一ノンフィクション賞を受賞したのであるが、その授賞式にもイザヤ・ベンダサンなる覆面作家は現れなかったということがまた、この本についての話題を大きくした。私はちょうどこのときパリにいて、そこでの日本人学生のあいだで、作者はだれかという興味が語られた。しかし同時に、『旅愁』の日本人のように日本について議論が成されることも多く、そうしたときに、異国で暮らす日本人として、たとえば日本にいたときの私たちが、ここフランスとは違って、いかにこの本で論じられる「安全」に無頓着であったか、という点について議論が行われたことが思い出される。

（2）マクファーレンは、特にその日本の「女性」にとっての労働の過酷さを挙げている。日本の場合はそれは、第八章で述べた、早い段階で夫婦の性行為が少なくなることにつながる。こうした発見にはマクファーレンが人類学調査をした、やはり過酷な生態条件の下に生きるネパール社会への知見が働いている。そして『イギリスと日本』には表立っては出てこないが、日・英・ネパールという、三つの社会の比較という文化人類学者の川田順造が言う「三角測量」が効いているといえよう。

第三部　これからの日本人論

第十一章　これまでに日本人論が果たした役割

三つの時期の日本人論の果たした役割

明治維新以降、日本が近代化の努力を始めてから、日本人論が書かれた三つの特徴的な時期があった。日清・日露の高揚期、昭和の「だらだら坂」の時期、そして戦後の長い経済復興の半世紀である。それぞれの時期における日本人論を第一部、第二部で詳述した。いまここで、それら三つの時期を対比させながら、第一章の「日本人論」に関する「仮説」がどのようなかたちを取ったかを検証してみよう。

仮説は次のようであった。

「日本人論」とは、近代の中に生きる日本人のアイデンティティの不安を、日本人とは何かを説明することで取り除こうとする性格を持つ。不安を持つのは、日本が近代の中で、特殊な歴史的存在であること、すなわち、「近代」を生み出した西洋の地域的歴史に属さない社会であった、ということに由来する。その、日本がいわゆる「西洋」近代に対して外部のものであることは歴史的な規定であり、時間をさかのぼっては変えることはできないから、不安は、繰り返しやって来る。よって、「不安」が高まるときには、その不安の個別性に添って説明する「日本人論」が書かれる。しかし、このアイデンティティの不安は根元的で、解消されないものだから、常に新たな「不安」が生まれ、そのつど新たな「日本人論」がベストセラーとなる。なお、この「不安」とは、決して、「日本」が危機となったときにだけ増大するのではなく、国運が好調のときもまた、その「成功」に確信が持てないため「不安」が生まれる。それゆえ、国力が低まったときも高まったときも、不安とそれに対する日本人論が現れることになる。

積極的で対外的な第一の時期

第一の時期、日清・日露の高揚期は、この「日本人論的不安」が最初に生まれた時期であった。それまでの国家的な問題は、帝国主義下で餌食《えじき》になる不安であった。その時期はむしろ、日本が西洋文明に属していないことは自明であり、その事実自体が厳然として問題なのであって、アイデンティティの不安はなかった、ということになろう。むしろ、北海道、沖縄をある意味での「植民地」とし、朝鮮半島を視野に入れ、中国に高飛車に出ることができるようになって、さて、そういう私たちは誰か、という問題が生まれる。

福沢諭吉《ふくざわゆきち》が一八八五年に『時事新報』に書いた「脱亜論」は、朝鮮、中国が開明する前に、日本はアジアの主導国として両国を影響下に置こうとするもので、欧米に対し、国としてその影響と支配に立ち向かうという意味において「対抗的」である。それからほぼ一〇年後に始まる時期に書かれた四冊の本、志賀重昂《しがしげたか》の『日本風景論』（一八九四）、内村鑑三《うちむらかんぞう》の『代表的日本人』（一八九四）、新渡戸稲造《にとべいなぞう》の『武士道』（一八九九）、岡倉天心《おかくらてんしん》の『茶の本』（一九〇六）は、いずれも、西洋に対抗的な中にも、西洋社会との共通性、または日本にも外見は違うが中身としては同じもの、西洋と比定できるようなものがあった、という並行性を主張している。一八三五年生まれの福沢とは一世代違う彼ら四人は、立場こそ違え、西洋と日本の自分たちを、同じ流れの中にいるものとして押し出していく自意識を持てたのである。

国力が高まりつつある中での、その根拠に関する不安を、彼らは別々の仕方で解消しようとする。共通するのは、日本は、もとより西洋と肩を並べるだけの地理的（1）条件と歴史、文化を持っていた、という主張である。そして、この四冊の日本人論がほかの二つの時期の日本人論と異なるのは、積極的に外に向かっていることである。『日本風景論』以外の三冊は最初、英文で書かれ、欧米の読者に向けて発刊された。のちに日本の読者が読んで、欧米に対してこのように自分たちを主張できるのかと納得する、という次第になった。志賀の著書は、漢文調であり、まるで国内向けであるようでいて、当時最先端であった札幌農学校出身の、外国をよく知るエリートが書いたものである。いわば、日本の風景は外国と比べても、というお墨付きを与えるものであった。

もし、これらの本、特に英文の三冊の著作が未だに日本人に読まれているとしたら、その理由は、外国に向けて英文で書かれ、ある程度の支持を得た、というこれらの本にまつわる評価がその主たるものであろう。確かに、のちの二つの時期の、日本人によって書かれた日本人論と比べると、中根千枝の『タテ社会の人間関係』の英訳などを例外とすれば、未だにこれらの一〇〇年も前の著作の方が、日本を紹介する書物として外国でより広く知られているのである。それはある意味で、これらの書物が西洋の読者にとって、なじみやすい日本像を与えてくれ、そのことが外国における日本のイメージを形作り、それがまた新しい読者に、予《あらかじ》めこれらの本を受け入れやすい下地を作っていることかもしれない、と思うのだ。とすると、これらの本が未だに外国人に読まれ続け、それを追うようにして、日本人にも読まれ続けているということは、日本理解の固定化、ひょっとすると、西洋人のオリエンタリスティックなとらえ方に迎合的な日本イメージを、強化し続けているのかもしれない。

それはのちの話として、この時期に戻れば、まさに西洋文明の一員としての自信を持ち始めた日本の、それゆえに生まれる「西洋でないことの不安」を消してくれる本として、これら四冊の日本人論は機能した。もちろん、それは不安を完全に消去するものではなく、ただ上から白く塗りつぶすだけのことなのだが。

防衛的で、内向的な第二の時期

第二の時期の日本人論として取り上げた四冊の本は、いずれも第一の時期から引き続いている問題、日本が非西洋であることの動かせない事実を前提に、国家として個人としての理想をどの方向に見出すかに関する格闘の記録である。しかし、彼らは個別の領域で問題と闘っている。第一期の四人のあいだに、世代も同じであるがゆえの、互いに意識せずとも連帯に似た関係がみられるのに対し、この四冊の本の論者たちは、一つの問題を共有しているにもかかわらずバラバラに、それぞれの陣地から難題に立ち向かっている。

『「いき」の構造』には、「いき」という日本の内部の局地的な美についての本を書くことで、西洋に対抗的であることを韜晦《とうかい》しようという意図がある。しかし、そのためには、その内容への取り組み方をすこぶるストレートで生真面目にする必要がある。西洋とパラレルであるとか、本質的に共通する部分がある、といった安易な関係づけをされないようにするため、西洋への反発をあらわにし過ぎてはいけないし、かといって、西洋を無視しているようにみられてもいけない。「たまたま西洋芸術の形式のうちにも『いき』が存在するというような発見によって惑わされてはならぬ」（九二頁）以下の、著者が行う「いき」が日本独自のものとしてあることの説明は、怠りなく、繊細なまでに注意深く、防衛的である。新渡戸がその著作『武士道』で、西洋人にとって騎士道との比較で、高貴な野蛮人のカテゴリーとして飲み込みやすい「武士道」を描いたのとは対照的である。それゆえか『「いき」の構造』が持つ文体と分析手続きの生真面目さは、読んでいると、これはひょっとして戯文、あるいはパロディとしての日本文化論なのか、と疑問が湧《わ》くほどである。

九鬼は結果として、西洋哲学の手法を用いることで西洋に対抗的な身振りを打ち消しながら、しかし、「日本的」と呼ぶ以外何ものでもない作品を日本人に向かって作り出した。これ一つで日本の方向が打ち出せたのではない。しかし、この著作一つがあるだけで、「日本」が打ち出せる根拠とはなる。行き場がないこの時代の「日本人」であることの不安に対し、ある一石を盤面に投じたのである。そしてこの書は、出された時期にそうした意味があっただけではなく、いまに至るまで、あまり読まれず、それが芸者の世界についての本だとは知られずとも、『「いき」の構造』という本が、日本についての本であるということが分かるだけで、日本について書くという「根拠地」の一つとなっているのだ。

和辻哲郎《わつじてつろう》の『風土』は、本人の明白な意図以上に日本人とは結局、梅雨と台風の湿潤な気候の下に暮らしているため、自然に対し繊細で、かつそれに対抗するというより、逆らわない忍従の態度と性格を持つようになったといった、いわゆる「本質的な」議論に安易に援用されている。それは、西洋に表立って対抗するのではなく、日本には日本の事情があるので、それを専一とするという、俗に言えば開き直った主張である。アジア、ことに中国に関する、期待とあきらめのない交ぜになった態度も、ひとまず解くべき問題は日本とその近代であるという主張と表裏一体である。そして、この主張は、日本の湿潤な気候を西洋の「牧場」のような風土と取り替えるわけにはいかず、こうした気候で生きている感覚を西洋の人たちに本当に分かってもらうことも難しいのだから、私たちはここでやっていくしかない、という個人的な感情から国家的な態度にまでつながる。横光利一《よこみつりいち》の『旅愁』で、アルプスの景観が長い叙述で語られ、そこで、あのためいき、「ここから見ると、やはり日本は世界の果てだな」（上二六六頁）が出てくるのだが、この『風土』が導く態度と呼応する。ある種の、不運を受け入れる態度、といえばオーバーだろうか。この場合、その「不運」において「日本人」が共通しているというのではなく、不運を「受け入れる」行為において「日本人」の連帯が生まれてくるという認識がここにはある。それは『近代の超克』の、数人がはしゃいでいるほかは黙って飲んでいるだけという暗い酒席に似た雰囲気にも似通う。

それでも『風土』が未だに読まれているのは、その「本質主義」的明快さと、擬似的にではあれ世界の中に日本が位置づいているという構図のゆえである。しかし、この書は世界を描いて開かれているようでいて、日本が双六《すごろく》でいえば「上がり」のように最後に説明されるところに如実に現れているがごとく、内容も目指す読者も内向きなのである。

『旅愁』全編にみなぎる不安は、最終的にはこの作品を小説としても議論としても破綻《はたん》させた。日本人であることがことさら不安になるヨーロッパの滞在で、日本の若者たちが繰り広げる論戦の叙述は、その内容もさることながら、それをせねばならない気持ちの切実さにおいて、読者に迫ってくる。しかし、そうした小説中の議論は、二・二六事件をリアルタイムとして始まり、主人公たちが日本に帰ってからも続くのだが、日本社会のリアルな時間と事件によって追い越されてしまう。横光は太平洋戦争が開始されたのちにも、戦争を予感しながら議論をする人々を描出するのだが、そうしたすでに過去となってしまった小説世界の中には、戦争が始まってからの「あと知恵」が入り込まざるを得ない。それに対し、彼は小説家として小説の世界と時間を固定させようとするのだが、それでも、あと知恵による何かを知らぬ振りをして書き込むということではなく、これはまだ登場人物たちは知らぬはずだから書かない、と抑圧するところにむしろあと知恵が入り込んでしまう。また、登場人物たちは戦争が始まればその中で戦死するかもしれない世代である哀切さが、戦後に書き了《お》えられたこの小説の最終章のトーンの中に意図せずしてにじみ出てしまっているのは、小説としては破綻であろう。いや、逆に、もしそれが最終章にも抑圧されていたとしたら、それは小説として、別種の、立ち枯れのような衰微となろう。

主人公の二人、矢代と久慈が、互いの議論の決着がつかないことを「平行線」の言葉で表現しているが、『旅愁』は日本人論としての小説と日本人論としての議論が平行線をたどって、断ち切られた、そんな作品である。ただ、ここに表された旅愁、時に「愁毒」とさえ呼ばれるそれのさまざまに発現するありさまは、日本人が外国に対したときに、日本人論の生まれる「温床」を示してあまりある。その現れの一つ「留学」については別の項に改めて書く。

防衛的であり、内向的な日本人論としての極めつけは『近代の超克』である。「戦争に勝ってしまっている」不安がこの書の通奏低音である。西洋に対する戦いとの位置づけにもかかわらず、数人を除いては、西洋何するものぞなどという能天気は言えるべくもなく、自分たちの近代が「西洋」のそれであること、その肯定なくしては前進、または「超克」がないことは参加者の共通認識となっている。それを実感として持っているか、論理的に詰めればそうならざるを得ないという態度かは別として。

この書は、日本人論仮説の「不安」をどのように解消しようとしているのかという点において、二つに分かれる。一つは林房雄《はやしふさお》のように、小林秀雄《こばやしひでお》などが進もうとしていた「古典」と、いま新しく生まれつつあるかと見える日本的なるもの――それを彼は「少年航空兵の教育」にみて――を「幸福なもの、清浄なものとして絶対に肯定する」立場である。もう一つは、「近代人が近代に勝つのは近代によってである」（二五四頁）とする立場である。しかし、前者は一九四二年の時点では当然新たに言い出すべきことがらのように響いて、じつは泥縄の議論であり、後者は、理の当然であるがゆえに、なんの新味もなく、日本が「西洋」近代に対して外部のものである歴史的な規定を「問題」としてしまっているときに、近代に打ち勝つのは近代によるというのは空念仏にすぎない。なお、この「近代に勝つ」の発言が小林秀雄によってなされたのは、小林の微妙な位置取りを示して興味深いが、それはまた別の小林個別の問題かもしれない。

反省的に始まって次第に自己肯定的となった第三の時期

この戦後の長い時期に書かれた日本人論に一貫してみられる特徴は、「大東亜戦争」の敗戦に関わる反省のトーンである。なぜ日本は戦争をしてしまったのか、そしてそれを繰り返さないようにするには何をしなければならないか、という反省の気分である。

それは戦後第一冊目の日本人論ともいうべき『菊と刀』にも顕著である。書いたのは日本人ではないのだが、そうした反省に益する本として読まれた。自虐的とも言えようが、ああいう時期、かえって、こうしたものを読んで反省するのはすっきりしたのであろう。そして「自虐的」に反省して、しゅんとしてしまうのかといえば、「しかしまた」、「日本人」は民主日本、国際社会の中に復帰して生きていく、という方向に邁進《まいしん》できるのである。「自虐的」な本だと心配するのも当たってないし、読者の方も、自虐といえるほどの自傷行為をしているようには思えない。広く読まれたのは、自分たちの回復のためである。敗戦による方向の喪失を何かの説明に求めたのである。

この「反省」のトーンは、好調のときの日本を説明する日本人論でも同じである。『「この国のかたち」』、『「甘え」の構造』、『ジャパン アズ ナンバーワン』は、書き手の思惑はどうあれ、読み手としては肯定的な日本を読み取ることが可能な著作である。しかし、それらも、敗戦がどのような失敗であったか、戦前の天皇制の問題には何があったか、敗戦がどのように乗り越えられたかといったような、敗戦と戦前のシステムを反省的に考察する対象とすることで、戦後のいまを説明するアプローチを取る。もちろん、『日本人とユダヤ人』、『人間を幸福にしない日本というシステム』、『「世間」とは何か』といった日本を批判的（否定的）にとらえる書物においてはいうまでもなく、敗戦に関する反省が、日本人、日本社会について考察する出発点となっている。

このことは、私の日本人論仮説に即して考えれば、明治以来の、近代の中で日本人であることのアイデンティティの不安は、敗戦という事実によって、はっきりとした形で示されたことになる。「日本」という物語で考えれば、「危ないのではないか、日本」と思っていたら見事に的中して、こけてしまったというところであろうか。しかし、日本の敗戦は、ある視点を取れば純粋に軍事的に弱勢であったから負けたのであり、別の視点からは、帝国主義的な競争において後発の不利を克服できなかったからであり、また別の視点からは、外交上のいくつかの誤りが積み重なったからとも弁明できるのである。

しかし、そうした軍事、歴史、外交史的観点とは別に、日本人論のレベルでは、単純に「日本人」の未熟さが日本に敗戦をもたらしたという語り方となった。そのことは戦後の日本人論にとっては、「近代におけるアイデンティティの不安」をより書きやすいものとした。すなわち、日本は、「近代化が遅れている」、「近代的個人が確立されていない」という定番の語りに「説得性」が増したのである。

それにしても、この六〇年近い年月は、日本にとって浮沈の激しいものであった。敗戦直後の、もう立ち上がれないのでは、というあきらめから始まり、次第に経済の面で自信を取り戻し、昭和三〇年代以降は思いもかけないような繁栄に半信半疑となり、それでも石油ショックなどの困難を乗り切り、エズラ・ヴォーゲルの『ジャパンアズナンバーワン』が一九七九年にアメリカで出たときは、誰もまだナンバーワンなどとは、とうてい本気にはしていなかったものの、その一〇年後には、それは現実であるかのように思いこむこととなった。そして、暗転直下、バブル崩壊・マネー敗戦がやって来て、失われた一〇年は二〇年になるのか、というのが現在である。低ければ低いなりに、高ければ高いなりに、上り調子となれば、また下り調子となれば、それが不安をかき立てる。常に不安を持ちながらの戦後であったと言えようか。日本人論がしばしばベストセラーになるにはこうした社会変動と、国際情勢の中の日本の位置の変化があったのだ。こうしてジャンルとして存在する「日本人論」を、ハルミ・ベフは日本人にとっての「大衆消費財」と呼んだのだ。

しかし、日本人論が出続けたこと自体、日本人論が最終的な目的、日本人としてのアイデンティティの不安を解消しなかった証左である。いったんこの不安の構図に気づき、それを心理の内に感じたならば、それは歴史の中に由来を持っているのだから、過去の歴史を塗りつぶさない限りは消えない。それは、日本がたとえナンバーワンでないとしても、世界でナンバーツーの経済大国になっても、G7に加えてもらってもいっこうに解消されないことでよく分かる。いや、ほかのアジアの国、たとえば韓国と中国が追いついてきて、近代の中に非西洋の仲間が日本のほかに現れても、日本はそのような国と自分たちを差別化して近代の中でランクアップしようとするのだから、孤独感は消えない。

日本は、アジアで唯一のG7の一員であることに強い誇りを持っている。しかし、G7の一員であること、それ自体が、日本のアイデンティティを、たとえばアジアと欧米の間で、揺れる不安定なものにするのだ。それが一目で分かる例としては、G7の首脳たちの集合写真における、日本の首相のひとりぼっちの姿がある。日本の新聞ではまだそれなりに、アメリカの大統領あたりが気を遣って話しかけてくれている瞬間を撮った写真などが載るのだが、欧米のテレビ、新聞写真で見ると、一緒に旅行をしているのにひとり取り残されている人の姿のようである。昨今の日本外務省の、国連の安全保障理事会常任理事国となろうとする努力も、少し離れてみると、明治以来の日本人論的アイデンティティの不安がそこには投影されているのが見え、時代遅れのあがきと映ってしまう。

しかし、この第三期の日本人論を語るには、進行しつつある変化も同時に考えなければならないだろう。日本人論というジャンルへの反省、日本人というくくり自体への懐疑、日本人ではなく、複数の日本人たちと考えるべきだという論調、それらが、いま、国家としての日本についての議論を盛んにさせている。戦後の日本人論が果たせなかったことがいま国家論として語られているようである。このことは章を改めて書くこととする。

余技としての日本人論

こうした過去の日本人論を通覧すると、いくつかの特徴が現れる。一つは、日本人論が、正面から、専門的な著述として、本格的に書かれることは少ないということである。

第一期の日本人論のうち、岡倉と志賀は『茶の本』と『日本風景論』を専門の分野において書いているが、それらは一般向けのものである。また内村と新渡戸は、「代表的日本人」や「武士道」を論ずる専門家ではない。もちろん、彼らはそれぞれの個人的な理由によって、それらの著述に精魂を傾けている。しかしたとえば、新渡戸の専門である農業経済学や彼の仕事であった外交と武士道には距離がある。第二期の日本人論も、それぞれに、著者たちの専門と関わるが、彼ら本来の仕事の中では少し異質である。彼らはそれらの著作によって、専門から出て、より広く日本一般について、また自己の内側の日本人としてのアイデンティティについて、探ろうとしている。

それが戦後になるとさらに顕著になる。一群の書物が「日本人論」とまとめて呼ばれ、新たな本が「日本人論」という惹句《じゃっく》で出版されるようになり、「大衆消費財」といわれてもおかしくないようになると、ますます「日本人論」は専門ではない、ある意味で「余技」と見える仕事として書かれるようになる。

再びここで取り上げた戦後の日本人論を見てみよう。『菊と刀』でスタートした戦後の日本人論は、その後、多くのものを生んだが、そこからさらに進展したというものは少なかった。すでに述べたように、その時々の「不安」のために消費され、いくつかのキーワードが流通して、終わることになる。その日本人論が検証、批判され、さらに改良されて、ということが少ない。そして、それから何年か経つと、同じような論点が別の言葉で表現されて、もう一冊の日本人論が出版される。

このように今までの日本人論が、単発的で、蓄積されず、発展性が少なかったことには少なくとも一つの理由がある。その多くが余技として書かれているために、真っ向から取り上げて批判をしたり、または同調して議論を進めるようなものではない、とみなされたからである。この「余技」とは、必ずしも書かれていること自体の水準が低いということを指していない。そうではなく、日本人論が、著者が学者であるならば本来の研究の「副産物」として書かれていること、また、著者自身の気分として、ふだんの自分の職業意識からは少し離れて、皆が関心を持っていることがらへ、仕事外の貢献をしているつもり、といったことを意味している。すでにふれた明治期の外国への「紹介」を兼ねた日本人論はもちろん、戦後のものも、しばしば著者は職業や専門は別の分野、外交官であったり、文学者であったりする。彼らは外国に行き、日本人とはなにかという問題に興味を持って書く。また、歴史家であっても、専門領域は日本ではないのだが、日本に関心を持って書く。その結果として「本来の」仕事ではないこととなる。実際、「日本人学」というものはなく、日本人論の専門家というのはこれまでにいない。「邪馬台国論争」の専門家というものはおらず、それが誰でも参加できるゲームのようになっているのと似ている。

また、たとえ著者自身の気持ちでは、本来の仕事として書いても、読者や評者にはそのようにはとらえられない。たとえば、「文化とパーソナリティ」学派にいた人類学者のベネディクトにとって、『菊と刀』は、軍に依頼されたということは別として、本来的な仕事である。しかし、それへの日本人の批判は、激しい否定と、支持と、それに「外人だから分からないところもあるさ」といった内心のつぶやきとが混じり合ったものとなり、彼女が亡くなった（一九四八年）こともあって、日本理解として当たっているか当たっていないか、という単純な評価に落ちてしまう。彼女のとった文化人類学の方法論や、その全体的な視点のようなものは注目されずに、いくつかの誤りが指摘され、いくつかのキーワード（「恥の文化」）が流通し、それから何年か経つとまた似通った論点の本が出され、といった具合である。ただ、作田啓一は『菊と刀』の中の「恥」という概念に、彼の『恥の文化再考』（一九六七）の中で新たな意味を与えようとした。しかし、それを除くとあれほどの著作なのにそこからの発展はないまま今日に至っている。

『菊と刀』の場合は、おそらく日本人が自分自身を「他人」、それも外国人に批判的に論じられることに対する抵抗感もあったのだろう。しかし、この本の中で取り上げた戦後の良質の日本人論にも、宮本常一『忘れられた日本人』やダワーの『敗北を抱《だ》きしめて』を除くと、そこには濃淡の差はあれ、「余技」の性格がある。他の凡百《ぼんぴゃく》の「日本人論」はさらに、技さえ稀薄《きはく》な「余技」となっている。

しかし、青木保が『「日本文化論」の変容』で、若い学徒だった頃、「日本文化論」にだけは与《くみ》しないと、日本人論を書くこと自体に批判的だったのは、ここで使っている「余技」の匂いを感じてだけではない。日本人論が書かれ、読まれることが、政治的文脈の中で、現在の社会制度を肯定するか批判するか、といった政治的議論に使われることを警戒してのことであった。しかしまた、その警戒感が、書き手に「余技」とのポーズをとらせていることがあったのではないだろうか。一方で取り扱いにくい難物として、まともな人間は「本業」としては関わらないようになり、他方で、からかわれるようなジャンルとなりながらも、その読者からの需要に対し、「余技」以下の日本人論が書かれる。だから、最近では、出色の日本人論は、むしろ、ダワーのそれのように、「プロジェクトX」のように、日本人論としては書かれていないところから生まれている。

留学に傷つく男、日本人論を書かない女

しかし、余技としてでもあれ、優れた論者が「日本人論」に踏み込むのはなぜか。そこには、日本人論仮説の次の部分が関係してくる。

日本がいわゆる「西洋」近代に対して外部のものであることは歴史的な規定であり、時間をさかのぼっては変えることはできないから、不安は、繰り返しやって来る。よって、「不安」が高まるときには、その不安の個別性に添って説明する「日本人論」が書かれる。

ここの部分は、「日本」が主語となった説明である。しかし、ここは「ある一人の日本人」を主語としても読めるのである。たとえば前記の部分を少し書き変えればこ

うなる。

「日本人である自分」がいわゆる「西洋」近代に対して外部のものであることは「生まれながら」の規定であり、「生い立ち」をさかのぼっては変えることはできないから、不安は、繰り返しやって来る。よって、「日本人である自分に対する」「不安」が高まるときには、その不安の個別性に添って説明する「日本人論」が「自分に対しても必要となってくる」。

こうした不安はいつもやって来るわけではない。第一部で説明したように「外国」を意識したときに、自分が日本人であることを考え始める。日本人論を書くような著述家にとって、それは多くの場合、「留学」という環境のもとにやって来る。または、外国におけるある程度の長さを持った滞在において。『旅愁』の中で、ヨーロッパにいる日本人留学生と滞在者はひっきりなしに日本について議論を行う。それは、自分に必要な日本人論としてその場で発表され、その場で消費される。

本書に取り上げた日本人の著者たちのほとんどすべては、その留学もしくは外国の滞在の体験から、日本人論を書く一つのモチベーションを得ていると見える。新渡戸、内村から、漱石《そうせき》、九鬼《くき》、和辻、そして阿部、中根の諸氏には留学が、横光は欧米での滞在が、司馬と山本は戦地の体験が、日本人論の出発点となっている。おそらくこのことをほかの日本人論、日本社会論の著者を例に取ればもっとはっきりすることだろう。思いつくままにあげても、『日本文化論』の石田英一郎、『日本文化の雑種性』の加藤周一、そして、山口昌男、鶴見俊輔、山崎正和、江藤淳、西尾幹二、石川好、加藤典洋の諸氏の日本と日本人に関わる著作にはその留学や海外での滞在が影を投げかけているのは明らかだ。

「影」と書いたが、それには意味がある。外国に滞在しているある個人にとって、その社会と自分との関係は、二つのコミュニケーションから成り立つ。言葉とからだである。その社会に受け入れてもらえたと思うには、言葉が通じて話ができること、そして、からだでの関係、すなわち何らかの親密な生活をともにすることが不可欠である。後者には、「現地」の人との性的関係も入る。若いときの留学、年を取ってからの留学、短い滞在、長い滞在、それぞれの環境にそれぞれの人間の個性が加わって、留学と外国滞在は、日本人にとって、開国以来これまで、骨身に迫る重要な「通過儀礼」であった。ノイローゼになった漱石を引き合いに出さずとも、「西洋」に留学や長期の滞在をしたものなら、それぞれの体験の中で、ある重苦しさを受け止めることがあったはずだ。すなわち、その重苦しさとは、その留学と滞在が西洋近代を学ぶこと、欧米との間にビジネスであれ、外交であれ、関係を持つことであるならば、それはすでに挙げた、「『西洋』近代に対して外部のものであることは『生まれながら』の規定であり、『生い立ち』をさかのぼっては変えることはできないから」やって来る不安がもたらすものである。

人はこの重苦しさをあまり語らない。それが「傷」である場合はなおさらであろう。私は「はじめに」で「(日本人論は)文化的存在としての日本人を分析の対象として扱い、理論が立ち上がると、後半では、その理論の応用の対象として国家的存在としての日本人を扱っていた」と書いたが、それがまずは体験としては個人のレベルで起きるのである。すなわち、文化的にそして国家的に日本人として規定されていることを、留学と滞在中のさまざまな「事件」や「エピソード」の中で、個人の問題として跳ね返していかなければならない瞬間に出会う。それを「日本人論」という一般化されたかたちで書くのは、個人の問題であることの韜晦ではなく、自分個人の問題が、「日本人」として一般化されて迫ってくるメカニズムを入れて説明せねば、個人の問題としても解決がすっきりしないからである。

しかし、ここにも第八章でふれた「オリエンタリズム」の構図が現れる。劣位に置かれた日本が女性として表現され、西洋と日本のからだの関係は西洋の男性と日本の女（ゲイシャ）になる、ということは、欧米に対する日本の男性は男ではないことになる。ならば、日本の男性は、留学と長期滞在の中で、欧米に対するからだのコミュニケーションにおいては、「男」としては認められないことになる。これは、日本の男性が留学と長期滞在において「男」として傷つき「やすい」ことを意味する。そして、もし「傷」を負ったならば、それもまた「日本人論」を書き出す必要な契機となるのだ。

このことを「女」の方から見てみると、日本の男性と同じ理由では、女性の留学と長期滞在は彼女たちにはあまり「傷」を与えないことになる。もちろんそのことを確かなものとして言うには慎重さが必要であるとは思う。

しかし、ここまで書いた論の流れからは、考えられうることとして次のように言えるであろう。日本の女性は、男性と比べて、個人と国家（日本）を重ね合わせて、日本人論というかたちの説明理論を自らに必要とするような「不安」を持つことはより少ない。それが女性によって書かれた「日本人論」の少なさを説明することになるのかもしれない。『菊と刀』と『タテ社会の人間関係』は女性によって書かれているが、それは、ルース・ベネディクト、中根千枝という、文化人類学者によって、研究書として書かれているのであって、日本人論として読まれてはいるが、少なくとも著者たち本人の自覚としてはここでいう「日本人論」としては書かれていない、と説明しうるだろう。もしくは、「不安」から発していないところに両書の特徴があるのかもしれない。

また、『旅愁』の中で日本について議論するのはもっぱら男で、主要な登場人物である二人の女性がそれからはいつもある距離を取り、または、距離が取れているように描かれる。そのことも、彼女たち個人に、「日本人」という一般性でもって、日本人であることの不安がやって来ないから、と説明できるのかもしれない。

この「留学」と長期滞在（「洋行」）が明治以来の日本のエリートとインテリに与えた影響、そして男女のジェンダーによる外国体験の違いは、あまり語られずに、かつあまり論じられてこなかった、長く深い「日本人的」トラウマなのかもしれない。

第十二章　これからの日本人と日本人論

「日本人論」が必要でなくなるとしたら

第二部のまえがきの末尾に「もし、新たに書かれる日本人論が、戦後のこれまでの日本人論とひとまとまりにして扱うことができなくなったとき、それが『日本人論』の本質的な変化が始まったときなのであるが、それについては、第三部で、議論することになる」と書いた。

「これまでの日本人論」とは、私が第一章の「日本人論仮説」で示した日本人論のことである。それはただ日本や日本人を論じたものではない。たんにある国やその社会に属する人々を論じたものならば、どこの国にもある。歴史学による論や社会評論はそうであるし、Aという国（たとえば英国）の重要な人物（チャーチル）の伝記であれば、「A人論（英国人論）」という性格を持ってもおかしくない。そうではなくて、繰り返しをあえて犯せば、ここでいう日本人論とは「日本がいわゆる『西洋』近代に対して外部のものである」ことからくるアイデンティティの不安を、それを説明することで和らげ、打ち消す機能を持つもののことである。近代という文明の中で日本が持つことになった歴史的特殊性を、意識的であれ半意識的であれ、大きな問題と感じた書き手によって書かれ、大きな問題と感じた読み手によって読まれる論を指している。

日本人論を書き、読む行為をナルシストのそれのようにいう人がいるが、そうではない。何も、日本人論は必ずしも自惚《うぬぼ》れていず、自虐的に書かれることすらあるからナルシストではない、といっているのではない。ここでいう日本人のアイデンティティについての不安は、自分と日本社会とがこれまで追求してきた「近代化」の価値を決定的に左右するから、説明を求めざるを得ない。その近代化が自分と日本社会にとって、努力を傾けるにふさわしいものではないのなら、虚しい営為となるし、その設定している目標が、日本の持つ条件の下では適切ではないのなら、間違った行動ということになる。たんに、自分がどう見えるか、というような簡単なことではないのである。

それでは、日本人論で扱われている問題自体は日本だけに特殊な問題かというとそうではない。その問題の現れ方はたしかに日本個別のものであっても、その本質は近代化にひそんでいる一般的なものである。西洋以外の社会が近代化を図るときには、その社会の人々に必ずそうしたアイデンティティの問題が個別のかたちで立ちはだかる。私には、たとえば現代モスリム社会の「原理運動」も、私たちが苦しんできた「日本アイデンティティ」の不安の問題と、同じ根を持っていると思われる。すなわち、近代化の過程でモスリムの新たな歴史的アイデンティティを構築しようとする運動であり、そこには「不安」があるのだ。私たちの日本人論とは、そうした近代化を果たそうとするときに生じるアイデンティティの問題を、非西洋で長らく唯一近代化した社会であったために、他の多くの非西洋の社会に先駆けて論じたものである。それゆえ、この自分たちが何ものであるかを模索した議論は、同じような歴史的経験を持ちつつある社会にとって、大きな意味があろう。

では、日本人論の本質的な変化を意味する新たな日本人論が書かれるとは、何のことか。それは、新たに生まれる日本人論が、日本人のアイデンティティの不安の払拭《ふっしょく》を目的としていないことである。近代の中での自らの存在についての不安を日本人が持たなくなることである。それは日本人論の変化だけを意味するのではなく、書かれる日本人自体の変化といってよい。それはどのように起きうるのか。そのことに答えて、本書の結論としたい。

そのために、これまで書かれた日本人論にはどのような日本人が描かれていたかを振り返る。そして、戦後の日本人論が提出した日本人のモデル、臣民、職人といったものが、どの程度まで同時代的であり、どの程度までですでに昔のものになったかにふれる。そのあとで、日本人論を必要としない日本人が生まれつつあるのかどうかを議論したい。

漱石、そして日本人論用の日本人

戦後の日本人論を読んできて、奇妙なことに気がつく。漱石《そうせき》の人気である。いろいろな人が漱石を引く。土居健郎の『「甘え」の構造』、イザヤ・ベンダサン『日本人とユダヤ人』、そして、最近では、阿部謹也の『「世間」とは何か』。じつは、戦後最初の日本人論というべきルース・ベネディクトの『菊と刀』にも、『坊っちゃん』の一節が引かれている。

坊っちゃんが、山嵐《やまあらし》から借りた一銭五厘《りん》を気にして返そうとし、同時に小さい頃から面倒を見てくれた下女の清《きよ》からの三円は気にしないと述懐する。ここは、私たちが一〇〇年の後のいまでも持つ「恩」という感情にぴたりと当てはまる。ベネディクトはその例を挙げて、こうした「坊っちゃん」のような「傷つきやすさは、アメリカでは、不良青年の記録や、神経病患者の病歴簿の中で見受けられるだけである」(一二五頁）と書き、清からの金は、「その人が『私の』階層的組織の中に一定の位置を占める人」（一二六頁）、つまりこの場合は自分の使用人というようなはっきりとした位置にある人であれば、日本人はその恩は気にならないのだ、と卓抜に指摘する。そして、四半世紀経って、土居はまったく同じ箇所を取り上げ、使っている言葉こそ違え、同じような論旨で議論をする（二〇〇一a　一二四―一二七頁）。

こうした事情には、漱石が広く読まれているために、その文章を例証に使うことが効果的である、ということがあるだろう。しかし、おそらくより大きな理由は、日本人の生き方が五〇年いや一世紀経ったいまでも、未だに漱石が描写したものとそう変わっていない、ということであろうか。漱石がいまでも読まれている所以《ゆえん》である。

私は、しかし、と思う。変わっていないところはあるだろうが、変わっているところもあるのではないか。そうした部分に「日本人論」は鈍感ではないだろうか、とも。これだけ漱石が頻繁に出てくると、言い方は変であるが、まるで、「日本人論」というゲームがあって、材料は漱石、それを扱って日本人とは何かを解く、というのがルールとでも言うような。たとえば、女性を考えてみれば、漱石の小説はあまり助けにならない。彼の書く女性は外側から男に見られている女性という感が否めない。そもそも、これまでの日本人論では女性は、男を論じれば足りるというばかりに、論の主人公とはなってこなかった。『「甘え」の構造』でも、甘えている「男」が書かれていて、甘えさせている「女」は論じられていない。土居の同性愛についての議論も、無意識に「男」と「男」との同性愛が対象として扱われていて、レズビアンについての関心はそこにはない。ここには、すでにその理由を述べた、日本人論の著者に女性があまりいないことも関わっていただろう。

ここで私が指摘したいのは、みなが漱石を取り上げる、それも同じような箇所を、ということだけではない。私自身が、第五章の「国民」で漱石の小説を、日露戦争前後の国民意識の高揚の例証に使っていることをふくめ、漱石の小説の中の日本人が、あるヒントを与えてくれることは確かである。しかし、いま考えたいのは、漱石で分かる「日本人」もいれば、漱石ではもう分からなくなっている「日本人」も現在の日本には、いるはずだ、ということだ。

そもそも「日本人」を「全体」としてとらえようとするとき、当然、時間軸に沿って連続する人間集団、共同体というものを想定する。近代の時間的流れの中で、変わらないところに日本人の特質を見出す。そうすると、ことは漱石とは限らず、日本人論は「日本人論用の日本人」、そうしたものを作り出していないだろうか、と疑いがわく。

たとえば、バブル崩壊以降、食卓の議論として、日本人の限界を語ることが流行《はや》っている。そうしたときに西洋人は狩猟民族、我々は農耕民族だから、というようなことを言い、自分たちは戦争には向いていない、ビジネスの激しい競争には向いていない、といったことを言う人がいる。西洋人はいつまで狩猟をしていたのだろう、日本人は攻撃的なサムライだと思われていたのは最近のことではないか、等々、反論は簡単である。しかし、それにもかかわらず、こうした話の仕方は根強い。日本人についての議論が、「巨人軍の監督」についてのうわさ話といったレベルになってしまうと、その論に合わせた日本人のタイプがあとから持ち込まれたりする議論の反則が行われる。もちろん議論する本人は気がついていない。そうしているうちに、「日本人論用の日本人」というステレオタイプがいくつかできあがる。

二〇〇二年発行の、NHK「人間講座」のための同名のテキストに、日本人論を「公共財」としたい、と書いた。「日本人論」の優れた議論を過去のものとしてうち捨てるのではなく、批判的に受け継いで日本人を論ずる――それを「日本人論」と区別して「日本人・論」と書こうか――ための共通の基盤としたいと考えたのである。このとき、おそらく、「大衆消費財」から公共財になるには、日本人論が政治的な論争の一つとなることは避けられないことと思われる。その場合、日本人論という専門はないのであって、誰にとっても専門外という意味では余技である日本人論を、政治性を忌避せずに日本人・論として行う必要が出てくる。それは、ことは政治であって、わび、さび、いきなどと悠長なことを言っていられない、ということではない。たとえば、『風土』の和辻が書いた『古寺巡礼』(一九一九)のような政治の次元から離れた文化的な「美」の世界を論じていると思われる著作でも、日本の過去を解釈し、現在を認識することで、未来の日本をどうするかという、誰にとっても最も重要な政治的な課題を考えているのだ。

しばしば日本人論に現れる日本人は、漱石の小説の中の日本人であったり、私たちが、自分たちの中に発見する「いやな部分」の合成としての日本人だったりしたのではないだろうか。もちろん、素晴らしい特徴ばかり集めたというのも同じように、正しく日本人を論ずることはできない。これまでの日本人論を公共財として、新たな日本人・論を行うには、「日本人」をどのようにとらえるのかが問われる。「日本人論」用の日本人からまず離れて、論じようとしている日本人はどこにいるのか、と考えることから始めなければならない。

戦後の日本人論モデルはいま

第二部で挙げた戦後の日本人論が提出した日本人のあり方、モデル――臣民、国民、「市民」、職人、母、ゲイシャ、サムライ、サラリーマン、「人間」――が、現在の日本人にどのように生きているか、どのように変わっているかを考えてみたい。

臣民はまだ生きている、と言ったら驚かれるであろうか。第四章で書いた「天皇の臣民」の変質は大きいと言わざるを得ない。しかし、「マッカーサーの臣民」はそのまま、ポピュリズムといわれる風潮に重なって生きているところがある。

私は近代の天皇制は昭和天皇までの一二〇年が一区切りだと考えている。昭和天皇は、明治憲法下に天皇となって、昭和二〇年の敗戦の後、新しい憲法で再定義された。しかし、その昭和天皇の戦後の四〇年は、明治憲法の立憲君主制にあった統帥権などのシステム上の欠陥が取り去られて、彼にとっても好ましい状態での「君主」としての時間であった。彼にとって戦後の四〇年は、敗戦をむしろ逆利用して、天皇家が日本のシステムの中に重要な位置を保持し続ける可能性を確実なものにした、明治、大正、昭和の三代による仕上げの時期となった。

人々との関係も、国家と国民の関係とは違うレベルで天皇と臣民の関係を作り上げた。あの第二次世界大戦の敗戦があったにもかかわらず、である。しかし、現在の天皇が考えていることがそうした三代による近代天皇制の延長にあるとは確言できない。ましてや、平成である現在の皇太子、またその跡継ぎのところで、昭和天皇までの天皇と臣民の関係がそのまま続くとは考えられない。

この場合の天皇と臣民との関係とは、天皇を上に置いて、他のすべてが同列に、同じ「臣民」として並ぶという関係である。天皇がお立ち台に現れて、その前の民衆が日の丸の小旗を振る、万歳を三唱するという構図をイメージとして持てばよい。その、強制ではなく自発的に日の丸を振る、万歳を叫ぶという関係が、昭和憲法になってむしろ「初めて」成立した、ということは第四章で述べた。そうした人々が今後も常にいるだろうとは考えられる。それはたとえばイギリス人のあいだにいる、英国王室に対してそうした愛着を持つ人々のように。しかし、そうした「天皇の臣民」は、数が多いか少ないかは別として、右翼といった強いイデオロギーとは別の、多くはマスコミ、ジャーナリズムによって伝えられる天皇とその家族に対して、興味と愛着を持つ人々のことである。また、そうした臣民意識とはまた別に、この国の古代からの文芸と芸能の文化の頂点として、一〇〇〇年を越す天皇の「文化的」権威が人々の考えの中に生き続けていくであろうこともまた事実である。

しかし、ここで考えなければならないのは、もう一つの「マッカーサーの臣民」の方であろう。変革に際しての絶対的権威への帰依の態度はいまなお根強く、それは、次のモデル、国民とからみ合って政治的な態度の表明の際に重要なファクターとなる。第五章で、平成不況の中、「小泉人気」に、何か思いきってやってくれという臣民意識が現れているのに比べ、危機に対処しようと日本の指導層が鼓舞する「国民意識」の方は低調である、と書いた。それにもう一つ付け加えれば、保守革新を問わず、国家論の議論は盛んであり、次第にそのトーンを勇ましくしているのに、国民論は、盛り上がっていない。

こうしたことを総合して考えると、何かしてくれる国家についての国家論は盛んであり、そこに臣民意識も現れるが、国家主権といった国際政治における主体の問題としての国家とそれを動かす国民の議論ではない。国債、年金、道路といった、「生活環境のインフラ」としての国家に関心があるのだ。もちろんそうしたインフラは、国家そのものである。しかし、それを動かす国民はどのようなものかは心底の関心にはなっていない。このことはまた書を改めて論じるしかない深く大きな問題だが、ここで確実に言えるのは、自分自身を「国民」といったモデルで考えることは第二次世界大戦以前の「国家主義」への反省と、自分を「自分にとってかけがえのない個人」としてとらえる戦後の「自由」の人生観の狭間《はざま》に消えてしまっていることである。

次の「市民」というモデルが、いわゆる「市民活動」にたずさわる人というのであるならば、それは社会に広く行き渡り、現実化している。草の根政治的なことから、NPOの活動まで、私自身もその活動に加わったことがあるが、急速に身近なものとなっている。しかし、それは西欧型の市民というのとは違うだろう。国によって異なる部分はあるものの、市民であることが貴族などの古い支配層への争いの中で勝ち取られたことや、市民社会の中で「市民」であることは未だにある種の「特権」である、といった欧米に見られる歴史的色彩などは日本の「市民」にはない。日本の市民は「社会」ではなく、「世間」に生きている。日本の「市民」は庶民と同義にとらえられ、使われている。「市民」のカッコはなかなかとれない。

しかし、「市民」という言葉を欧米型に合わせようと模索しているうちに、偏差をふくみながらも、「市民」が二一世紀型の日本人モデルになりつつあることも確かである。当分は、「国民」と対立する観念——この対立の仕方の曖昧《あいまい》さがじつに戦後日本的であるが——として、この語が用いられながら、近い将来、たとえば改憲の論議のときなどに、日本の市民運動の「市民」が、同時にいかなる国民としてあるのかをはっきりさせなければならなくなるであろう。そして、「世間」はそのときどのような変異を遂げるのかは興味深い。

職人という生き方は、未だに日本社会で、日本人にとって価値ある理念型、もっと強く言えば理想型である。日本経済が沈んでいるいま、この職人的なることへの高い評価は、産業のもの作りと関連してさらに強まっている。この職人というモデルの強さは、第十章でもふれたように、日本人に超越的な神の観念と言葉で価値を定め生活を律するような宗教観がないことと強い関連を持つ。これまでの人類社会では、ことに農業文明の段階では、この世とこの世を超えるものの価値までも宗教が律していた。その宗教の役割が日本社会では江戸時代に稀薄《きはく》になり、あの世の存在にとらわれることから脱して現世主義を基本とするようになったとき、代わりにその空白を埋めるものは、自分が生きている現場とモノであった。それは、第十章の「人間」にも通じるのであるが、そこが人間世界の岩盤であって、それ以下には落ちないし、そこさえしっかりしていたら生活も経済も底が割れない、という人生観である。それは宗教の代わりをしている信仰と言ってよいか。しかし、底堅い代わりに、天井もある。言葉と観念による飛翔《ひしょう》を押さえつけるガラスの天井があるかのようだ。

さて、この職人というモデルは若い世代にとっても意味があるのだろうか。そうしたもの作りの「地道な生活」はいまの若者の世界観からはほど遠く見える。私はそう思っていない。もの作りの伝統と、日本の消費行動の中のモノへの執着にはストレートな関係がある。そのモノを通して次の世代にもモノへのこだわりと工夫をこらそうとする「職人」のモデルは伝わっていくのである。

母とゲイシャ、またはケア（世話）する女、というモデルは、少なくとも男の目から は変わっていないように見える。そうしたケアを要求することは強まっているとさえ見える。それはフェミニズムが社会に定着することと矛盾しないのだろうか。そこを説明するには「甘え」を借りてもよいし、現代日本の母子の強い依存関係や、またパラサイト・シングル、という言葉に表されるような家族の中の子どものあり方によって行ってもよい。しかし、ここでは、ゲイシャとサムライについて考えようと思う。すなわち、外国人の目から見た日本人である。

おそらくいま日本人について、欧米人を始めとして外国人は、イメージを持てないでいると思う。戦後の日本人は、顔を隠して活動してきたように思える。戦前の軍国日本は、はっきりとしたイメージがあったとすれば、戦後の経済日本にははっきりとした顔がないように思える。日本が戦後、さまざまな批判を避け、外国にはモノ（産業製品）を出して、人間の「顔」は出さずに交わってきた結果として、のっぺらぼうの存在になった。欧米に暮らしてみて、日本の情報が少ないことにも驚くが、日本の情報を組み合わせて、日本を具体的に思い浮かべるだけの「日本人像」が欧米の一般的な人々の中にないことはもっと驚く。日本製品は知っていても、「日本人」のことは知らないのだ。

すなわち、サムライとゲイシャは未だに強いイメージである。しかし、それはアメリカ人をカウボーイととらえることと同じである。象徴的ではあるが、実体ではない。そして、アメリカ人を「カウボーイ」としてとらえるときにはまだ、それが象徴的に表現する実体としての具体的なアメリカ人が、たとえばブッシュ大統領であれ、知り合いの経済人であれ、思考の中に持てるのであるが、外国ではおそらく、そうしたサムライといった象徴を当てはめる日本人の実体が、戦後は情報として稀薄であったろう。

「人間」は強いモデルである。これは江戸時代の二百数十年に、醸成され強化されてできた。おそらくその根はもっと深く、始まりはさらに過去にさかのぼるであろうが、江戸時代の宗教の世俗化をその大きな要因としてできあがった。ここには、西欧の「ヒューマニズム」すら流れ込んでいる。日本の新宗教の教義が、多く仏教と神道にキリスト教までこき混ぜられて作られているように、この「人間」もその定義は、生きていくという最低限の条件を備えた裸の存在、というピュアな理念のように見えて、それが堅固で打ち破りがたい「原像」であるのは、この列島にやって来たさまざまな「思想」が複合されて、じつに防衛力の強い概念になっているからだ。

「人間」のモデルと理念は今日、未だに強い価値を持っている。超越的な世界を信仰しないときには、生き続けるだけが価値であり、そこにおいては、いまこの世に生きている「人間」であることはあらゆる判断の基準となるのだ。これは、すべてを失ったときに、そこから回復すればよい、という予《あらかじ》め引かれてある防衛ラインとして機能する。第二次世界大戦後の日本の復興には、臣民民主主義の秩序とともに、何を失ってもこの「人間」ラインから始めることに、何のためらいも強い喪失感も持たずにすむ、という強さとして働いた。戦後、それぞれにとっての最下点にいた人々は、確かな覚悟で、「人間」のラインを自分たちの出発点としていた。

司馬問題とこれからの日本人

これからの日本人・論を考えるために、司馬遼太郎が繰り返し語る問題について再び考えたい。日露戦争までの健康な日本が、なぜその後の敗戦をもって終わる「鬼胎の四十年」を生んだのか、という問いである。第五章ではこの問題を、漱石の小説の中のドロップアウトした人々と、それを読んでいた人々に焦点を合わせて論じた。そして、「鬼胎の四十年」を担った人々は、その前の四〇年とは違った、日本という社会の内面の近代化の理念と方向を探し出さなければならないという、未だに解けぬ問題にぶつかり答えが見出せなかったのだ、と書いた。ならば、それが解けない代わりに彼らがその四〇年を、鬼胎のような時代にしてしまった理由は何だったのだろうか。

私にそのことは以下のように理解できる。明治の第一世代を福沢諭吉《ふくざわゆきち》や明治政府の創立者たちとしよう。その人々が育てた純粋培養的エリート、新渡戸《にとべ》、内村《うちむら》や、司馬が『坂の上の雲』で描いた人々を第二世代とする。明治の最初の四〇年はその第一世代と第二世代によって作られた。その努力と営為については多言を要しない。健康かどうかは別種の判断であるが、努力が報いられたサクセスストーリーである。その明治の第一、第二世代は、文明開化と富国強兵を国家の方向とし、不平等条約の改正と、独立した近代国家としての認知を緊急の目的とした。そして、それが日清、日露の勝利、日英同盟の締結でかなえられた。そうした人々が作った明治の時代に生を受け、育ち、日露戦争勝利に終わった戦後に社会に出ていった世代、いわば、『三四郎』の世代が「鬼胎の四十年」を担ったのだ。

その四〇年がなぜそうした鬼胎の時代になったかの答えは、担った彼らがどのような人々であったか、にある。そして、彼らがどのような人々であったかの答えは、彼らが誰にどのように育てられたか、に見出せるだろう。

彼らを育てた第一、第二世代は、日本を文明開化し、ほかのアジアの国々からは抜きん出た存在とした。そして、白人とも伍《ご》していく世界の強国であるところまで引き上げた。中国や朝鮮とは違うことを誇りとして、白人に引けを取ることはないのだ、ということを自尊心として持っていた。だから、その世代にとって、彼らのあとを継ぐ次の世代が、不平等条約の撤廃のような低い位置からスタートしなくてもよかったことは安堵《あんど》であり、その世代が最初からアジアに対し優位であり、欧米に対して引け目を持たずにすむことは喜びであった。自分たちが、負っていた不利な条件を持たない世代、世界の一等国民として、どこにも引け目を持たない世代を生むことは彼らの夢であり、それはかなえられた。彼らは第三世代とそれに続く少年少女に対して、誇りと自尊心を持っていいのだ、その根拠は十分に我々が用意したと教え、育てたのだ。そして、「鬼胎の四十年」を担った人々は、そのような世代として、上の世代が、そうあれかし、と望んだ世代として育った。

このような世代が、アジアに対し、誇りの変質した蔑視《べつし》を持ったとしても、欧米に対して外交でも戦争でも引け目を持たない強気の態度を取ることに固執したとしても、それは彼らが健康な明治の四〇年に生まれ、その健康な明治の四〇年を作った人々に育てられ教えられたように振る舞ったのだ、と考えれば、不思議なことではない。一九四五年の惨憺《さんたん》たる敗戦に至った歴史的な要因を探ること、また、どの時点のどの判断が引き返せない誤りを生んだのか、といったことは、論証的に議論できよう。ここで私が「司馬問題」に対して出した答えは、そうした、「鬼胎の四十年」を担った人々の判断と行為の批判的解析ではない。そうした判断（ミス）を行った指導者と多くの国民は、「日本人」としては健康な明治から生まれるべくして生まれた人たちであった、というものだ。

私は、この考え方を、現在に適用してみる。

すなわち、戦後の四〇年、自由と民主と平和が、国の理念的目標であった。国のモデルで言えば、「国際日本」である。砕いて言えば、個々の人間が自由にその人生を過ごし、個性のあふれた生活をすること。民主主義の下、社会から階層的な格差を廃し、平等を社会の中に、また男女の間に実現すること。そして、平和を専一として、それを至上の価値とすること。

これらが戦後を担った、戦前から戦後にかけて活動し、戦前の反省を胸に刻んだ第一世代と、戦後の回復と高揚の実働部隊となった第二世代が、実現しようとしたことがらであった。これからの数十年を担う日本人は、そうした戦後の四〇年に生まれ、その理念で育てられ、教えられた人々のことである。わたしは二十数年の教育の現場での経験から、この第三世代、バブル崩壊以降、およびこれからの数十年の日本を担う世代は、戦後の日本人がそうあれかしと望んだ人々である、ととらえている。親から自由を与えられ、個性を伸ばせといわれ、勉強だけではなく、音楽やスポーツなどの「文化的」な能力も持っている彼ら。人が人の上に立つことを嫌い、男女が平等であることを受け入れることのできる彼ら。そして、平和ということがいかによいことか、争いと摩擦は極力避けなければならないと思っている彼ら。これからの日本人はそうした理念の体現者である。彼らに戦後の夢は叶《かな》えられている。

しかし、若い彼らが、自由ということをある条件の制約との緊張の裡《うち》にあると理解せずに、好きなことをして生きていくことが自由における個性の発揮であると信じたとしても、人の上に立つ責任は取らないことを平等の理念で正当化しても、「平和」ということを個人的なレベルで実現させるために、他人との関係や摩擦をできるだけ少なく――関係が最小値の場合引きこもりという――することで臨むとしても、それは彼らが育てられ、教えられたように振る舞っているのだ、と考えれば不思議はない。私はこのことを、第二の「鬼胎の四十年」が始まる、というつもりでペシミスティックに書いているのではない。戦後の四〇年が生んだ世代が、新たな次代を担っていくことと、彼らは決して生むつもりではなかった「鬼っ子」ではなく、戦後の夢の体現者なのだ、と言っているだけだ。Aと見えてBだというのも、Bと見えてAだというのも、同じ対象についての、語り口の違いである。何しろ、この新しい世代は前の世代と連続しながら、同時に見事に断絶しているのだ。

私の予測では、こうした世代によって作られる日本は、日本であることが次第に薄くなる日本であるはずだ。それが、たとえばたんにインフラとしての国家を望むだけの「個人」の集合としての社会になるのか、対外的に、国境を越えた意識や組織を組み込んだという意味での国家意識の薄さになるのか、いずれにせよ、国家意識の変質が起きるであろう。こうした世代を考えたとき、日本人論が変質するか否か、日本人論の代わりに日本人・論が行われるようになるかどうかは、日本人論仮説の、アイデンティティの不安がどうなるかにかかっている。これからの日本人が、自分たちが西洋近代の中で異なる出自を持つことに不安を持つかどうかである。卑近に言えば、留学をしたときに、言葉とからだのコミュニケーションの困難から、傷を負うことがあるのかどうかである。私の観察では、それは問題としなくなってきているように見える。日本人論は、今後この世代を対象としていく以上、もし書かれるとしても、変質が起きる。

ゲイシャとサムライはすでに外国人にとっても有効期限が切れてきたことは述べ

た。その代わりに、日本人と日本文化を表す言葉として、たとえば「オタク」が生まれている。その曖昧な言葉が指す意味はあまりに広いのだが、日本の新しい世代が生み出す表現とその担い手を指す言葉とすれば、それは次第に世界の中で認知度を高めている。この「オタク」がサムライとゲイシャと違うのは、後者が日本の近代以前の制度が生み出した存在であり、オリエンタリスティックな視線の中でのイメージであるのに対し、オタクは近代そのものの中で生まれているということである。それはオタクが、西洋近代とは違うもう一つの近代でありながら、日本の近代と西洋近代から発している「ハイブリッド」であることだ。近代の中の「ハイブリッド」であることは、西洋近代の出自を持たない不安や、同時に日本やアジアから離れていってしまうもう一つの不安を感じることがない。もとより、アイデンティティは、その本人とそれを見る周りとの相互作用にある。「オタク文化」や日本人の身体に関わる衣食住の文化が欧米で受け入れられるようになっていることによって、外からの目が変わり、それを受ける日本人が自らを見る目が変わってきている。日本人のアイデンティティも変化の時期に入っている。

ここで、日本人論が変質する、というのではなく、日本人は、という議論の仕方が困難になっているのを感じる。ある個人が、次第に多元的になる社会に生きている場合、その個人の持つ体験は「重層的」になるはずだ。重層的とは、男（女）であり、ある宗教を持ち、ある政治的信条とある文化的な帰属とを持ち、人間関係の上ではある家族と交友関係と職場関係と、任意のネットワークからなる世界に生きている、ということだ。その層の一つに、日本国民、日本人であることも入る。そうだとしたら、その個人が自分を語る場合、まずは「日本人」であって、それに何かが付け加わるというふうに語るとは限らないのである。つまり「日本」という物語に魅力を感じなければ、日本人である私は、という語りをしなくなる。そうした個人を、どのような日本人かというような、何はおいても「日本人」が最初にくるような人間としてとらえることはできない。ここに至ると、日本人論の必要性も、日本人・論というものの重要性もともに薄くなっていることが分かる。日本人は、という議論の仕方が困難になる、とはこうしたことである。

さらに、そうした層の一つ一つが変化を続けている。日本人で、農民で、仏教徒で、神社の祭りの重要な役職を務め、夫であり、父であるとしても、それが柳田が描いた「常民」であったりはしない。農業はイタリア料理の野菜作りであったり、新しい宗派の仏教徒であったり、祭りの観光化を目指す係であったり、妻は外国人であったり、子どもは全員が家から離れているかもしれないのだ。そして、妻が外国人であることは、彼自身の日本人としてのあり方を変えつつあるかもしれないし、その仏教の宗派は、住んでいる地域を超えたネットワークをもたらしているかもしれない。

社会が多元的であるということや、個人の世界が重層的であるということは、たんに要素が複数になるということとは違う。社会や生きている世界の要素が複雑に関係し合って、変化を起こさせるということなのだ。日本社会に外国人が増えている、というのは、黒い碁石（日本人）に白い碁石（外国人）が混ざることではなく、黒い碁石の中に白い要素が、白い碁石の中に黒い要素が、化学反応を起こしながら変化をもたらすことなのだ。日本人のアイデンティティも、外国人のアイデンティティも、同時に変化をしていく。私は日本人である、の「私」も「日本人」も変わりながら、「私は日本人である」というアイデンティティが成立するのだ。

こうしたことをポストモダンやグローバリゼーションといった言葉を使うことで説明したい誘惑に駆られるが、ここではそれに禁欲的でありたい。それは日本人論仮説で述べたアイデンティティの不安が、言葉一つですぐに解決するようなものではないからだ。何度も歴史的な揺り返し、つまり新たに、近代の中での日本人の位置に不安を感じることが必ずくると予想される。とりわけ、他のアジア諸国との関係の中で、日本が、アジアと西洋の間に立って、そのアイデンティティが揺らぐときが必ずくるはずだ。

日本人論の最期は始まっている。それはここで述べたように戦後の六〇年が、日本人論仮説で提示したような不安を感じない世代を生み出しているからだ。日本人論を必要とした日本人の、終わりが始まっている。それは、明治以来初めてのことである。このことは、日本人論を必要とした明治以来の一世紀以上の時間と同じくらいの長い周期で、「日本人」という存在と、「日本人論」という議論の双方が、長い変化の時期に入ったことを意味している。

参考文献（カッコ内の年号は、国内外ともに原著の刊行年、または新聞・雑誌掲載年〈連載は初年〉。＊は本文中の引用文の底本）

＊青木保　一九九九年（一九九〇年）『「日本文化論」の変容──戦後日本の文化とアイデンティティー』（中公文庫）中央公論新社
芥川龍之介　一九八九年（一九二七年）『西方の人』（『芥川龍之介全集7』ちくま文庫）筑摩書房
芥川龍之介　一九八九年（一九二七年）『続西方の人』（『芥川龍之介全集7』ちくま文庫）筑摩書房
阿部謹也　一九九二年『西洋中世の愛と人格──「世間」論序説』朝日新聞社
＊阿部謹也　一九九五年『「世間」とは何か』（講談社現代新書）講談社
阿部謹也　二〇〇一年『学問と「世間」』（岩波新書）岩波書店
阿部謹也編　二〇〇二年『世間学への招待』青弓社
飯島愛　二〇〇〇年『プラトニック・セックス』小学館
＊イザヤ・ベンダサン　一九七一年（一九七〇年）『日本人とユダヤ人』（角川ソフィア文庫）角川書店
井上雄彦　一九九九年〜（一九九八年〜）『バガボンド』講談社
ヴェブレン、ソースティン　一九九八年（一八九九年）『有閑階級の理論』（ちくま学芸文庫）筑摩書房
＊ヴォーゲル、エズラ　一九七九年『ジャパン アズ ナンバーワン──アメリカへの教訓』TBSブリタニカ
ウォルフレン、カレル・ヴァン　一九九四年『人間を幸福にしない日本というシステム』毎日新聞社

＊内村鑑三　一九九七年（一八九四年）『代表的日本人』（ワイド版　岩波文庫）岩波書店
梅棹忠夫　一九六七年（一九五七年「文明の生態史観序説」）『文明の生態史観』（中公叢書）中央公論社
＊永六輔　一九九六年『職人』（岩波新書）岩波書店
＊NHKプロジェクトX制作班編　二〇〇〇〜〇六年『プロジェクトX　挑戦者たち』日本放送出版協会
＊大室幹雄　二〇〇三年『志賀重昂「日本風景論」精読』（岩波現代文庫）岩波書店
＊岡倉天心　一九九四年（一九〇六年）『茶の本［英文収録］』（講談社学術文庫）講談社
＊河上徹太郎他　一九七九年（一九四二年）『近代の超克』（冨山房百科文庫）冨山房
岸田秀　一九九八年（一九九五年）『母親幻想（改訂版）』新書館
＊九鬼周造　一九七九年（一九三〇年）『「いき」の構造　他二篇』（岩波文庫）岩波書店
ゴールデン、アーサー　一九九九年（一九九七年）『さゆり』（上・下）文藝春秋
サイード、エドワード　一九九三年（一九七八年）『オリエンタリズム』（上・下　平凡社ライブラリー）平凡社
作田啓一　一九六七年（一九六四年）『恥の文化再考』筑摩書房
＊志賀重昂　一九九五年（一八九四年）『日本風景論』（岩波文庫）岩波書店
＊司馬遼太郎　一九九三〜二〇〇〇年（一九八六〜九六年）『この国のかたち』（文春文庫）文藝春秋
タウト、ブルーノ　一九九二年（一九三六年）『日本文化私観』（講談社学術文庫）講談社
＊ダワー、ジョン　二〇〇一年（一九九九年）『敗北を抱きしめて——第二次大戦後の日本人』（上・下）岩波書店
＊土居健郎　二〇〇一年a（一九七一年）『「甘え」の構造（新装版）』弘文堂

＊土居健郎　二〇〇一年b『続「甘え」の構造』弘文堂
＊中根千枝　一九六七年『タテ社会の人間関係――単一社会の理論』（講談社現代新書）講談社
夏目漱石　二〇〇二年（一九〇六年）『坊っちゃん』（『漱石全集2』）岩波書店
＊夏目漱石　二〇〇二年（一九〇八年）『三四郎』（『漱石全集5』）岩波書店
＊夏目漱石　二〇〇二年（一九〇九年）『それから』（『漱石全集6』）岩波書店
＊夏目漱石　二〇〇二年（一九一〇年）『門』（『漱石全集6』）岩波書店
＊夏目漱石　二〇〇二年（一九一四年）『心』（『漱石全集9』）岩波書店
＊新渡戸稲造　一九九一年（一八九九年）『武士道』（ワイド版　岩波文庫）岩波書店
原武史　二〇〇〇年『大正天皇』（朝日選書）朝日新聞社
＊船曳建夫　二〇〇〇年『快速リーディング　柳田国男』筑摩書房
フロイス、ルイス　二〇〇〇年（一六世紀後半）『完訳　フロイス日本史』（中公文庫）中央公論新社
＊ベネディクト、ルース　一九六七年（一九四六年）『定訳　菊と刀（全）――日本文化の型』（現代教養文庫）社会思想社
＊ベフ、ハルミ　一九九七年（一九八七年）『イデオロギーとしての日本文化論（増補新版）』思想の科学社
マクファーレン、アラン　二〇〇一年（一九九七年）『イギリスと日本――マルサスの罠から近代への跳躍』新曜社
マルサス　一九七三年（一七九八年）『人口論』（中公文庫）中央公論社
三島由紀夫　一九八三年（一九六八年）『文化防衛論』（『裸体と衣裳』新潮文庫）新潮社
三島由紀夫　一九八三年（一九六七年）『葉隠入門』（新潮文庫）新潮社

＊宮本常一　一九九五年（一九六〇年）『忘れられた日本人』（ワイド版　岩波文庫）岩波書店
柳田国男　一九六三年（一九一〇年）『遠野物語』（『定本柳田国男集』第四巻）筑摩書房
＊横光利一　一九九八年（一九三七年）『旅愁』（上・下　講談社文芸文庫）講談社
＊吉川幸次郎　一九七六年（一九七二年）『西東間記』（『吉川幸次郎全集』第二十四巻）筑摩書房
吉川英治　一九七五年（一九三五年）『宮本武蔵』（全八巻　吉川英治文庫）講談社
李登輝　二〇〇三年『「武士道」解題――ノーブレス・オブリージュとは』小学館
＊ロチ、ピエル　一九三七年（一八八七年）『お菊さん』（岩波文庫）岩波書店
和辻哲郎　一九七九年（一九一九年）『古寺巡礼』（岩波文庫）岩波書店
＊和辻哲郎　一九七九年（一九三五年）『風土』（岩波文庫）岩波書店

「日本人論」関連年表（太字は「日本人論」に関わる著作）

西暦	事項
一八五三	ペリー来航
一八五八	日米修好通商条約調印
一八六三	長州藩、下関で外国船を砲撃。薩英戦争
一八六七	大政奉還。王政復古の大号令
一八六八	戊辰戦争（～六九）。五箇条の誓文
一八七一	廃藩置県
一八七三	徴兵令。地租改正条例
一八八一	明治十四年の政変
一八八七	ピエル・ロチ『お菊さん』（邦訳は一九一五年）
一八八八	三宅雪嶺・志賀重昂ら、雑誌『日本人』（一九〇七年、『日本及日本人』と改題）発刊
一八八九	大日本帝国憲法発布
一八九〇	第一回帝国議会

『代表的日本人』（岩波文庫）

一八九四	日清戦争（〜九五）
	内村鑑三『代表的日本人』。志賀重昂『日本風景論』
一八九八	ジョン・ルーサー・ロング『蝶々夫人』
一八九九	新渡戸稲造『武士道』
一九〇一	八幡製鉄所の操業開始
一九〇四	日露戦争（〜〇五）
	岡倉天心『日本の覚醒』
一九〇五	ポーツマス条約。第二次日韓協約
一九〇六	岡倉天心『茶の本』。夏目漱石「坊っちやん」「草枕」を雑誌に発表
一九〇八	漱石「三四郎」を連載
一九〇九	漱石「それから」を連載
一九一〇	大逆事件。韓国併合
	漱石「門」を連載。柳田国男『遠野物語』
一九一四	第一次世界大戦（〜一八）
	漱石「心」を連載

『武士道』（岩波文庫）

『日本風景論』（岩波文庫）

一九一八	米騒動。シベリア出兵
一九二三	関東大震災
一九二五	治安維持法。普通選挙法
一九三〇	金解禁。昭和恐慌（〜三二） 九鬼周造『「いき」の構造』
一九三一	満州事変。犬養毅内閣成立
一九三二	五・一五事件
一九三三	国際連盟脱退。滝川事件
一九三五	和辻哲郎『風土』。吉川英治「宮本武蔵」を連載（〜三九年）
一九三六	二・二六事件 ブルーノ・タウト『日本文化私観』
一九三七	日中戦争始まる。国民精神総動員運動始まる 横光利一「旅愁」連載開始（〜四六年）
一九三八	第一次近衛声明。国家総動員法公布
一九三九	第二次世界大戦始まる
一九四一	太平洋戦争（〜四五）

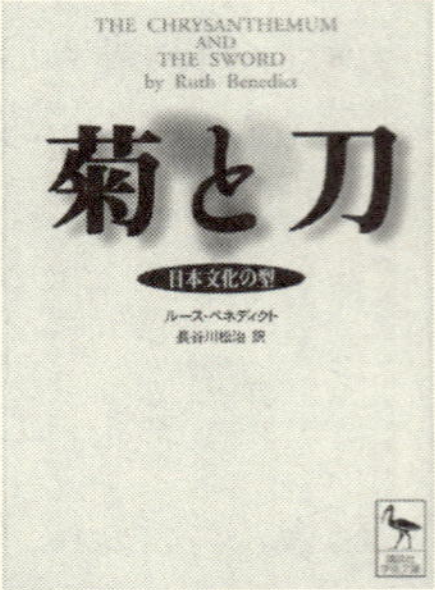

『菊と刀』（講談社学術文庫）

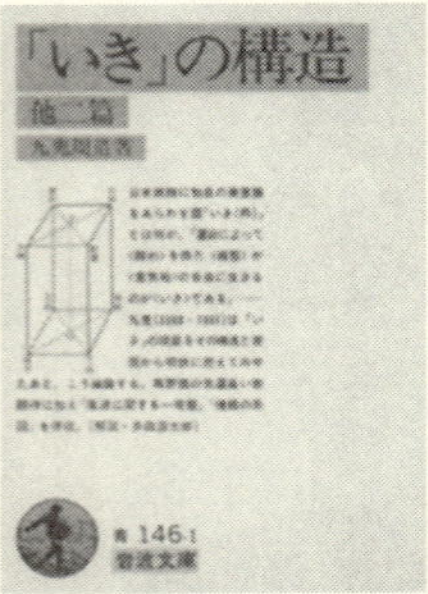

『「いき」の構造』（岩波文庫）

一九四二	『文学界』主催で、座談会「近代の超克」
一九四五	東京大空襲。沖縄戦。広島・長崎に原爆投下。ポツダム宣言受諾
一九四六	天皇の「人間宣言」。日本国憲法公布ルース・ベネディクト『菊と刀』（邦訳は四八年）
一九五一	サンフランシスコ平和条約・日米安全保障条約調印
一九五五	社会党統一。保守合同
一九五六	日ソ国交回復。国際連合加盟
一九五七	梅棹忠夫「文明の生態史観序説」発表
一九六〇	安保反対闘争激化（五九〜）。国民所得倍増計画策定宮本常一『忘れられた日本人』。映画『裸の島』
一九六四	OECDに加盟。東京オリンピック開催
一九六五	日韓基本条約調印

『タテ社会の人間関係』（講談社現代新書）

『風土』（岩波文庫）

	尾高邦雄『日本の経営』
一九六七	中根千枝『タテ社会の人間関係』。作田啓一『恥の文化再考』
一九七一	土居健郎『「甘え」の構造』。イザヤ・ベンダサン『日本人とユダヤ人』
一九七二	沖縄、日本復帰。日中国交回復
一九七三	第一次石油ショック
一九七八	日中平和友好条約調印 エドワード・サイード『オリエンタリズム』(邦訳は八六年)
一九七九	第二次石油ショック エズラ・ヴォーゲル『ジャパン アズ ナンバーワン』(邦訳も同年)
一九八六	司馬遼太郎「この国のかたち」連載開始(〜九六年)
一九八七	ハルミ・ベフ『イデオロギーとしての日本文化論』
一九八九	米ソ首脳、冷戦終結宣言

『「甘え」の構造』新装版（弘文堂）

『この国のかたち』一
(文春文庫)

一九九〇	東西ドイツ統一 青木保『「日本文化論」の変容』
一九九一	湾岸戦争。バブル経済崩壊。ソ連解体
一九九二	国連環境開発会議（地球サミット）開催 阿部謹也『西洋中世の愛と人格――「世間」論序説』
一九九四	カレル・ヴァン・ウォルフレン『人間を幸福にしない日本というシステム』
一九九五	阪神・淡路大震災。地下鉄サリン事件 阿部『「世間」とは何か』。岸田秀『母親幻想』
一九九六	永六輔『職人』
一九九七	日米政府、新ガイドラインに合意 アーサー・ゴールデン『さゆり』（邦訳は九九年）。アラン・マクファーレン『イギリスと日本――マルサスの罠から近代への跳躍』（邦訳は二〇〇一年）
一九九九	ジョン・ダワー『敗北を抱きしめて』

『イギリスと日本』（新曜社）

『「世間」とは何か』（講談社現代新書）

	（邦訳は二〇〇一年）
二〇〇一	小泉純一郎内閣成立。アメリカで同時多発テロ。アメリカ、アフガニスタン空爆開始。テロ対策特別措置法成立 阿部『学問と「世間」』。土居『続「甘え」の構造』
二〇〇三	米英軍、対イラク戦争
二〇〇七	船曳建夫『右であれ左であれ、わが祖国日本』
二〇〇九	内田樹『日本辺境論』

『敗北を抱きしめて』上
(岩波書店)

あとがき

日本人とは、と、ずいぶん語った記憶がある。留学していた若い頃がそうだった。そうしているうちに、自分が「日本人的」ではない気がして、自分が日本人であることをひとまず措いておいて、「日本人って」、「あの国では」と、語るようになった。しかし、こんどはそうした語り方に、嘘《うそ》ではないのだが「無理」を感じ、日本人について語ることも、考えることもやめたりした。しかし、あるきっかけで、自分が「日本人」であること自体が発想の根っこにある問題に行き当たり、また語り出す。こうしたことを日本人論・経験、とでも呼べばよいのか、繰り返していた。

本書では、思いっきり書いてせいせいしたかった。ただ、日本人とは、と語り出せば同じ循環にはまりこむので、日本人論とは、と語ったわけだ。つまり日本人論・論である。書き終わってみて、これはこれで論理が通った、と自信を持っている。しかし、読者を説得できたかというと、分からない。読者が、日本人とは、と語ることにてらいも疑いもない人であるならば、私の「日本人論仮説」を立てる理由が伝わらないだろうし、日本人とは、と語ることをしない人には、その仮説の中の「難問」の切実さが伝わらないだろう。

日本人論に「まだ」意味があるのか、「もう」意味がないのか、そこを見極めるのが難しかった。結論としては、まだ意味はあるが、もうそろそろ最期が近づいている、を取った。そう考えたのには、私の学生がここ長く取り組んでいる調査研究のことがある。

その研究は、パキスタンから出稼ぎで来た男性と結婚をし、モスリムに改宗した日本人女性のアイデンティティの再構築についてなのであるが、そこにある「個人」の変容はまことに興味深い。「日本人であること」は、モスリムであること、ほかの同様の妻たちと交流をすること、パキスタンに住む新たな親族とのネットワークを持つこと、などと同じく合わさって、彼女たちの世界とそこでのアイデンティティを重層的に構成している。そして、その「モスリム」という、一見揺るぎなき教義信仰体系も、彼女たちがそれを学び、思索することで姿を変えて現れ、そのとき、彼女たちが「日本人であること」の意味も薄れるのではなく、変容する。

こうした個人の重層的な世界とアイデンティティの変容は、このモスリムの妻たちほどは「ドラマティック」ではなくとも、いま日本のあらゆるところで、微細に、絶え間なく起きている。「日本人」は、国家に積分されていくのではなく、個人に微分されつつある。本文中に、「日本人」という存在は長い周期の変化の時期に入った、と書いたのはそのことであった。

この本ができるまでには、いくつかの段階があった。それぞれに、感謝をしたい方がいる。最初にNHKの人間講座の話を持ってきてくれたのは、NHKでディレクターをしている、大学の教え子の宮川麻里奈さんだった。いろいろなテーマの中から日本人論を示唆してくれた。それも巧みに、もしそれをテーマにしたら……と言われて、自分で考えていたテーマではなかったのでむしろ気楽に、その場でささっとトピックを並べたのがこの本の原型となっている。自分の中にそれらがすでにたまっているのに気がつかされた。

テレビ番組の収録は楽しかった。私などにはもったいないスタッフと収録チームであった。チーフの宮田修さんは知性と味わいを感じさせる方で、私のテキストから、エッセンスを取り出して台本を書いてくださった。収録に際して、私はそれを飲み込んでおけばよいだけであった。ベテランのカメラマンの細谷行彦さんはかっこいい方で、私も俳優になってヨーイ、スタートと言われているかのようで、撮られるのはまことに快感であった。森末牧子さんと松野寛子さんはチャーミングなだけでなく聡明で、細かないろいろなことに気を配りながら仕事を進めてくださった。松野さんは、京都から東京に出てきたばかりで、地理を覚えながらの案内役は大変であったろう、といまも思う。ほかの音声担当の方、ナレーションを務めてくださった方なども、よく思い出す。

ＮＨＫの湯澤克彦さんは、日本人論の番組を温かく見守っていてくださり、タイトルなどに貴重なアドヴァイスをいただいた。ＮＨＫ出版の方々とは、番組テキストから本書の出版まで、長いおつきあいであった。北崎隆雄さんは、番組テキストの制作に文字通り汗をかいてくださり、資料や内容に関するさまざまなアイディアをいただいた。鵜飼泰宏さんは、テキストから本への移行に尽力してくださり、単行本化を実現することができた。加藤剛さんは、本が最後のかたちを取る一番重要なときにリアルタイムで連絡を取りながら、怠け者の私を督励してくださった。編集のお三方には心よりお礼を申し上げたい。

最後の「重層性」について教えてくれた工藤正子さんには、彼女の仕事が早く博士論文になって引用できる日を願いながら、感謝したい。そして、私の仕事を支えてくれている秘書の大石香織さんと高久凜子さんに、いつもありがとう、と言いたい。

すべての方が私と読者の間をつないでくれたことに深い感慨を持ちながら。

二〇〇三年十月

船曳建夫

学術文庫版へのあとがき 『「日本人論」再考』、その後

本書は、二〇〇三年にNHK出版から発刊された、同名の書の文庫版である。中身は変えていない。その最後に、私は次の二つのことを指摘した（三一〇―三一一頁）。

（1）他のアジア諸国との関係の中で、日本が、アジアと西洋の間に立って、そのアイデンティティが揺らぐときが必ずくる。

（2）日本人論の最期は始まっているように思える。

その後、六、七年が経っているが、私の考えは変わらない。むしろ、この二点の正当さは、この間の内外の変化によって、ますます明らかになっていると思われる。そのことを説明するために、一九世紀半ば以降の日本を、おさらいをすることから始める。

日本は、明治維新前後から西洋文明の「追随者」として出発し、日清、日露の二つ

の戦争によって成功を収め、西欧強国の「同伴者」、パートナーとなった。しかし、一九三〇年代以降、指導者たちの国際情勢の見誤りによって、日本は国際政治の「孤児」となり、第二次世界大戦の大敗北を招く。それが戦後、アメリカの「養子」となることで、民主主義と資本主義の、いわば「いいとこ取り」をし、近代化（西洋化）における第二の成功を収めた。が、それも一九九〇年前後からの国際的勢力関係と資本主義の再編成の中で、「アジアと西洋の間」で、国家政策でも国民的アイデンティティでも不安的な状況にある。

この「アジアと西洋の間」に立つことによる混迷、それは本書の出版以降も、ますます深まっているように見える。そこにある仕組みはこういうことだ。

西洋以外の社会として、最も早く近代化を果たし、いまやそこから（具体的にはアメリカから）自立しようとしているが、西洋的近代化とは別の、日本（あるいはアジア）独自のかたちを構想するところまでは至っていない。もとより、これまでも第二次世界大戦後の日本は、アジアの諸国を積極的に先導することはなかった。むしろ知識人などは理念的にはヨーロッパ文化に親近性を感じ、多くの人々はアメリカのエンタテインメントとスポーツに慣れ親しんできた。しかし、欧米と実際に同化することと、たとえばアメリカの五一番目の州になる、ＥＵに参加するなど、冗談の域を出ない。そうした「アジアと西洋の間」の宙ぶらりんの状況にあって、地政学的に同じ地域にある中国の台頭は、想像を超えた速度で進んでいる。そのことがアジアにおける日本の立ち位置を、確定できない理由になっている。

ここの事情を先述の比喩を続けて描写すれば、孤児が養子として引き取られ、その養い親（アメリカ）から自立の時を迎えて故郷（東アジア）に戻ってみると、初めこそ近代化のトップランナーとしてのいささかの優位と威光はあったが、本家の長男（中国）が威勢を取り戻し、分家の従兄弟（日本）としては、西洋帰りのアドヴァンテージが日に日に目減りしているのを感じる、といったところであろうか。

ここで、日本が国家として立っているのは、具体的に言えば、アメリカと中国の間である。ことわざに「遠くの親戚より近くの他人」というが、事情はさらにひねったもので、日本は第二次世界大戦後、ここしばらく、近くの親戚（中国）より遠くの他人（アメリカ）を頼っていたのだ。

繰り返し書いたように、これまで日本は、「近代」を生み出した西洋の地域的歴史に属さない社会であるがため、近代化に成功しても失敗しても、自らの正当性を疑い、アイデンティティの不安を説明する「日本人論」を必要としてきた。そして現在は、西洋近代化の成功者としてそのアイデンティティは確立してきたものの、その立ち位置をアジアの中で取ろうとしたとき、別の違和感を感じるようになっている、と考えるのだ。

その違和感は、西洋近代を基準とすると、日本の達成度と洗練度（ソフィスティケーションの意）が、アジアの隣国をはるかに引き離していることからくる。「西洋」から「アジア」に戻ろうとしたら、違和感を感じるほどまでに自らの「西洋化」が進んでいたという皮肉な状況にある。「西洋化」、すなわち、政治体制における民主主義、社会体制における個人主義、文化における創造性といった点で、アジアの中でははるかに進んだ地点にいるのだ。日本人自身は常々まさに「日本人論」というジャンルで、日本は社会の日常生活レベルで民主主義が定着していないとか、社会の中で個人が自立していないとか、文化において独創性が欠如しているとか、さんざん厳しい自己評価を下すのだが、西洋基準に照らし、かつアジアの諸国と比べれば、日本は、進んだ民主主義国家であり、法治国家であり、個人の価値が認められ、科学・芸術において独創的な成果を上げてきている、というのが事実だ。

アジア人やアジアの諸社会と見た目が似通っていること、衣食住における類似性のあること、気候を共にすることからくる共通の身体感覚など、物理的、肉体的な親和性は、アジアを旅行すれば感じ取ることができる。まして、近年著しく近代化が進行するアジアでは、三〇年前にはあった「違和感」が急速に薄れているのが事実だ。

とはいえ、からだと頭の中の考えはだいぶ違う。数日一緒にいることと、長くつきあうことの違いといえばよいだろうか。田舎の「親戚」を訪ねたときの心地よさは、長くは続かない。同じ考えの「他人」なら、一定の距離を置けば長いつきあいが可能だ。近くの親戚（中国・アジア）と遠くの他人（アメリカ・西洋）、どちらがしっくりくるかは、文化や社会の事象のレベルによって、日本人個々によって違うであろう。しかし、「元々アジア人だから、アジアの一員として」というのは、耳慣れた言い方だが、「アジア人」などという共同性は元からはっきりしていない。現実の厳しい政治情勢と経済競争の中で、どこまで「アジアらしさ」といったものが日本人のアジアにおけるアイデンティティを支えてくれるかは疑わしい。

さらに二つの特異な点を考慮しなくてはならない。一つは、いま「『アジア人』などという共同性は元からはっきりしていない」と書いたが、東アジア、より広くは中国とその周辺諸国という地域には、中華帝国による「冊封体制」という国際秩序が一〇〇〇年を優に越す長きにわたって一九世紀まで存在した。中国の台頭は、「冊封体制」のような力関係の二一世紀版として、新たな中国中心の体制を復活させるかもしれない。ところが、そこに二つ目の特異な点が関係してくるのだが、日本は大陸から地理的にある程度の距離を持つ島国であることから、この冊封体制からも、常に距離を取っていた。ちょうど、英国が大陸から一線を画すところがあったように。清朝の時代、アジアでは、インドと日本がこの冊封体制から外れていたことは意味深長である。すなわち、二一世紀のアジアで、日本とインドだけは、中国に距離を取る外交を行いうる潜在力があるのだ。その時、すでに述べた、アジアとの違和感、ことに中国との親密さと反発との入り交じる感覚は、日本の「アジアの一員」としてのアイデンティティを不安定にさせるであろう。そして、歴史を振り返ってみれば、日本は、たんに受け身のかたちで、大陸の中国と外交的な距離を取るだけではなく、アジアの辺境にあって、積極的に別個の文明ともいえるものを作り上げてきた。その歴史的事実はまたアジアの中で日本の位置を、完全にアジアの内部でもなく外部でもないものとする。

ここで、「西洋」に対する不安定さから日本人論が生まれたように、別種の日本人論が生まれるのではないか、と私は考える。アジアの地域的歴史に属する社会でありながら、西洋的近代化に成功したことが、また、それ以前の歴史においても、中国の冊封体制に組み込まれず独特の文化・社会を作り出してきたことが、アジアの中における収まりの悪さを生み出し、「アジアの一員として」とか「東アジア共同体」といった言葉が叫ばれれば叫ばれるほど、その不安を説明する「日本人論」が生まれるのではないか、と思うのだ。

本書が発刊されてからも、いくつかの「日本人論」が生まれてきたが、二〇〇九年の内田樹の『日本辺境論』（新潮新書）は私には、特に興味深く思われる。それを詳しく論ずることは別の機会に譲るが、その題名にもあるように、日本の位置を辺境と位置づけ、そのことから説き起こす論は、これまでの日本人論と比べ、より「アジア」という要素を重視する。そこには、引き合いに出すのはおこがましいが、拙著の『右であれ左であれ、わが祖国日本』（二〇〇七年、ＰＨＰ新書）と同じ視点がある。すなわち、一九九〇年前後の三つの事件（冷戦終結、湾岸戦争、バブルの崩壊）から始まる日本とそれを取り巻く世界の変化の中で、アジアにおける日本の地政学的状況と、日本人であるアイデンティティとが重なり合い、問題化している、という意識である。また一般に、「和風」なるものが、当の日本人の間でも一種のブームとなっているることも、従来の西洋に対抗する「和風」（たとえば『「いき」の構造』）としてではなく、アジアの一員でありながら独自性を確保させてくれる「和風」を振り返って意識していることと考えてよい。

そのようにして、対西洋ではなく、対アジアの不安を説明する「日本人論」が生まれてきている、としたら、第二の「日本人論の最期は始まっているように思える」という考えは、間違っているのか。いやそうではなかろう。

そうした新たな日本人論が生まれる中でも、本書の末尾で述べたように、日本人論を必要としていない若い人々は生まれている。また、「日本人論」ではなく、「日本人・論」「日本・論」としてこの人々と社会をとらえる根拠は増している。その根拠とは、グローバリゼーション、というよりは、「グローカリゼーション」――グローバルな動きの中で、それに触発され、対抗して同時にローカルなものが独自性を発揮したり、ローカル化して定着したりする――によるものだ。日本を世界の一部として、辺境でもなく、どこでもなく、地球上の一点としてとらえる思考法が生まれ、根付いてきている。もちろん、「対」どこそこ、という思考法から日本人が抜け出すには時間がかかる。なぜなら、そうして作り上げてきたやり方には、まさに現在の、日本の長所と美質が詰まっているからだ。長所と短所は裏表に合わさっている。短所を捨てれば長所も失う。社会と文化の知恵は、トランプのように「全取っ替え」はできないから、変化は先端から長い尾を引いて、ゆっくりと起きる。

それがどれほどの長さか、といえば、数十年、一、二世代ではすまないだろう。なぜなら、日本人論は、日本の近代化には安定剤としての役割を果たしていた必要なものであった。それは、応援歌としてであれ、鎮魂歌としてであれ、つまるところ、ナショナリズムをサポートするものとして歌われてきた。それが歌われなくなるとは、日本人がどう変わる、といったことだけではなく、世界的に見て、近代における「ナショナリズム」自体が変容してゆくことにかかっている。そして、個別的に日本の場合、日本人自身が「対西洋」、次いで、いま始まっている「対アジア」という日本観、日本人論から、自らを抜け出させることとして問題は立てられる。つまり、明治以来、一九九〇年までを日本人論を必要としていた日本ナショナリズムの形成期だとしたら、それと同じくらいの長さ、たとえば、二一世紀が終わるくらいまでかけて、日本人論を必要としない「日本」に変容するのだろう、と私は考える。

もちろん、この数字は、正確であるわけはない。もっと長い年月がかかるかもしれない。なぜなら、「日本人論を必要としない日本」になるとは、いまの日本観からすれば「日本ではなくなる」ことだからだ。そこまでの変化のプロセスで起こることは、「よい日本に生まれ変わる」といった安穏としたことではない。「そんな『日本』になる必要はない」、「そうなったらもはや日本ではないのだから、そんなことは日本人が考えることではない！」、といった、無数の議論の果てに、この地が、「日本」もなく「日本人」もいない、おそらく日本語だけは話されている東アジアの列島に戻ったとき、日本人論は、蒸発していることだろう。そこに行くまでの長い行路の間、私たちは、「日本人論」ではなく、日本についての論、日本人についての論を交わしてゆくこととなる。

本書の文庫化には、講談社学術文庫の園部雅一さんの導きがありました。本書に目をとめていただいたことに深く感謝いたします。また、福田信宏さんの懇切丁寧な編集、校正は、本書を新品のごとく濯《すす》ぎあげてくださいました。お礼を申し上げます。本書が多くはなくとも長く読者を得ることを願いつつ。

二〇一〇年三月

船曳建夫

本書の原本は二〇〇三年、日本放送出版協会から刊行されました。

船曳建夫（ふなびき　たけお）

1948年東京生まれ。東京大学教養学部教養学科卒業，ケンブリッジ大学大学院社会人類学博士課程修了（Ph. D）。現在，東京大学大学院総合文化研究科教授。専門は文化人類学。主な編著書に，『国民文化が生れる時』『知の技法』『新たな人間の発見』『快速リーディング　柳田国男』『イギリスと日本――マルサスの罠から近代への跳躍』（監訳）『二世論』『大学のエスノグラフィティ』『右であれ左であれ、わが祖国日本』などがある。

講談社学術文庫

定価はカバーに表示してあります。

「日本人論《にほんじんろん》」再考《さいこう》

船曳建夫《ふなびきたけお》

2010年 4 月12日　第 1 刷発行

発行者　鈴木　哲
発行所　株式会社講談社
東京都文京区音羽 2-12-21 〒112-8001
電話　編集部（03）5395-3512
販売部（03）5395-5817
業務部（03）5395-3615
装　幀　蟹江征治
印　刷　豊国印刷株式会社
製　本　株式会社国宝社
本文データ制作　講談社プリプレス管理部

ISBN978-4-06-291990-6

「講談社学術文庫」の刊行に当たって

これは、学術をポケットに入れることをモットーとして生まれた文庫である。学術は少年の心を養い、成年の心を満たす。その学術がポケットにはいる形で、万人のものになることは、生涯教育をうたう現代の理想である。

こうした考え方は、学術を巨大な城のように見る世間の常識に反するかもしれない。また、一部の人たちからは、学術の権威をおとすものと非難されるかもしれない。しかし、それはいずれも学術の新しい在り方を解しないものといわざるをえない。

学術は、まず魔術への挑戦から始まった。やがて、いわゆる常識をつぎつぎに改めていった。学術の権威は、幾百年、幾千年にわたる、苦しい戦いの成果である。こうしてきずきあげられた城が、一見して近づきがたいものにうつるのは、そのためである。しかし、学術の権威を、その形の上だけで判断してはならない。その生成のあとをかえりみれば、その根は常に人々の生活の中にあった。学術が大きな力たりうるのはそのためであって、生活をはなれた学術は、どこにもない。

開かれた社会といわれる現代にとって、これはまったく自明である。生活と学術との間に、もし距離があるとすれば、何をおいてもこれを埋めねばならない。もしこの距離が形の上の迷信からきているとすれば、その迷信をうち破らねばならぬ。

学術文庫は、内外の迷信を打破し、学術のために新しい天地をひらく意図をもって生まれた。文庫という小さい形と、学術という壮大な城とが、完全に両立するためには、なおいくらかの時を必要とするであろう。しかし、学術をポケットにした社会が、人間の生活にとってより豊かな社会であることは、たしかである。そうした社会の実現のために、文庫の世界に新しいジャンルを加えることができれば幸いである。

一九七六年六月

野間省一

日本人論・日本文化論

梅原　猛著
日本文化論
〈力〉を原理とする西欧文明のゆきづまりに代わる新しい原理はなにか？〈慈悲〉と〈和〉の仏教精神こそが未来の世界文明を創造していく原理となるとして、仏教の見なおしの要を説く独創的な文化論。

22

山本七平著
比較文化論の試み
日本文化の再生はどうすれば可能か。それには自己の文化を相対化して再把握するしかないとする著者が、さまざまな具体例を通して、日本人のものの見方と伝統の特性を解明したユニークな比較文化論。

48

加藤周一著
日本人とは何か
現代日本の代表的知性が、一九六〇年前後に執筆した日本人論八篇を収録。伝統と近代化・天皇制・知識人を論じて、日本人とは何かを問い、精神的開国の要を説いて将来の行くべき方向を示唆する必読の書。

51

山本七平著
日本人の人生観
日本人は依然として、画一化された生涯をめざす傾向からぬけ出せないでいる。本書は、我々を無意識の内に拘束している日本人の伝統的な人生観を再把握し、新しい生き方への出発点を教示した注目の書。

278

S・ウォシュバン著／目黒真澄訳（解説・近藤啓吾）
乃木大将と日本人
著者ウォシュバンは乃木大将を Father Nogi と呼んだ。この若き異国従軍記者の眼に映じた大将の魅力は何か。本書は、大戦役のただ中に武人としてギリギリの理想主義を貫いた乃木の人間像を描いた名著。

455

B・タウト著／森　儁郎《としお》訳（解説・持田季未子）
ニッポン
憧れの日本で、著者は伊勢神宮や桂離宮に清純な美の極致を発見して感動する。他方、日光陽明門の華美を拒みその後の日本文化の評価に大きな影響を与えた。世界的な建築家タウトの手になる最初の日本印象記。

1005

《講談社学術文庫　既刊より》

日本人論・日本文化論

B・タウト著／森 儁郎《としお》訳（解説・佐渡谷重信）
日本文化私観
世界的建築家タウトが、鋭敏な芸術家的直観と秀徹した哲学的瞑想とにより、神道や絵画、彫刻や建築など日本の芸術と文化を考察し、真の日本文化の将来を説く。名著『ニッポン』に続くタウトの日本文化論。

1048

小池喜明著
葉隠《はがくれ》 武士と「奉公」
泰平の世における武士の存在を問い直した書。「葉隠」は武士の心得について、元佐賀鍋島藩士山本常朝の語りをまとめたもの。儒教思想を否定し、武士の奉公は主君への忠誠と献身の態度で尽くすことと主張した。

1386

清水 勲著
ビゴーが見た日本人 諷刺画に描かれた明治
在留フランス人画家が描く百年前の日本の姿。文明開化の嵐の中で、急激に変わりゆく社会を戸惑いつつもたくましく生きた明治の人々。愛着と諷刺をこめてビゴーが描いた百点の作品から〈日本人〉の本質を読む。

1499

ドナルド・キーン著／足立 康訳
果てしなく美しい日本
若き日の著者が瑞々しい感覚で描く日本の姿。緑あふれ、伝統の息づく日本に思いを寄せて描き出した昭和三十年代の日本。時代が大きく変化しても依然として変わらない日本文化の本質を見つめ、見事に剔り出す。

1562

R・ベネディクト著／長谷川松治訳
菊と刀 日本文化の型
菊の優美と刀の殺伐——。日本人の精神生活と文化を通し、その行動の根底にある独特な思考と気質を抉剔する、不朽の日本論。「恥の文化」を鋭く分析し、日本人とは何者なのかを鮮やかに描き出した古典的名著。
1708

F・フェルディナント著／安藤 勉訳
オーストリア皇太子の日本日記 明治二十六年夏の記録
「サラエボの悲劇」の主人公が綴る日本紀行。明治中頃の日本を旅した皇太子が、各地で出会った風物や伝統文化、美術品蒐集の次第等につき精細に記した旅行記。『世界周遊日記』より日本部分を訳出。本邦初訳。

1725

日本人論・日本文化論

森 三樹三郎著
「名」と「恥」の文化
大文字版

名と恥を通し日本と中国の文化の核心に迫る。西洋の罪の文化に対し、日本と中国の恥の文化。名と恥は表裏一体。護摩札、門聯、標語――中国人の名への強い愛好の念。日本と中国の文化の本質と相違とは何か。

1740

清水 勲著
ビゴーが見た明治ニッポン

西欧文化の流入により急激に変化する社会、時代の波にもまれる人びとの生活を、フランス人画家ビゴーは愛情と諷刺を込めて赤裸々に描いた。百点の作品を通して、近代化する日本の活況を明らかにする。

1794

村澤博人著
顔の文化誌

日本人は「顔隠しの文化」「正面顔文化」など独特の美意識をもつ。どのような顔が美とされ、なぜそれが選ばれたのか。綿密な考証と実験で日本人らしさや日本的美意識を追究する。顔から読み解く日本文化論。

1804

李《イー》 御寧《オリヨン》著（解説・高階秀爾）
「縮み」志向の日本人

小さいものに美を認め、あらゆるものを「縮める」ところに日本文化の特徴がある。入れ子型、扇子型、折詰め弁当型、能面型など「縮み」の類型に拠って日本文化を分析、「日本人論中の最高傑作」と言われる名著。

1816

井上忠司《ただし》著
「世間体」の構造 社会心理史への試み

唯一絶対神をもたない日本人が行動・価値の規準としてきたのが「世間体」だった。世間の原義と変遷、日本人特有の微笑などが生まれる構造を分析、世間体を重んじる意味を再考する。世間論の嚆矢である名著。

1852

I・A・ゴンチャローフ著／高野 明・島田 陽訳（解説・沢田和彦）
ゴンチャローフ日本渡航記

一八五三年プチャーチン提督の秘書官として長崎に来航したゴンチャローフ。名作『オブローモフ』作者の目に、日本の風景、文化、庶民や役人の姿はどう映ったのか。鋭い観察眼にユーモアを交え描いた幕末模様。

1867

ザビエルの見た日本
ピーター・ミルワード著／松本たま訳
ザビエルの目に映った素晴しき日本と日本人。一五四九年ザビエルは「知識に飢えた異教徒の国」へ勇躍上陸し精力的に布教活動を行った。果して日本人はキリスト教を受け入れるのか。書簡で読むザビエルの心境。
1354

明治日本見聞録 英国家庭教師婦人の回想
エセル・ハワード著／島津久大訳（解説・長岡祥三）
一英国婦人の目に映った懐かしき明治の日本。薩摩藩主の家系島津家五人の子息の教育を託された家庭教師の興趣溢れる養育体験記。当時の上流社会の家庭の様子と日本の風俗、日本人の気質が愛惜こめて語られる。
1364

円仁《えんにん》 唐代中国への旅 『入唐求法巡礼行記』の研究
エドウィン・O・ライシャワー著／田村完誓訳
円仁の波瀾溢れる旅日記の価値と魅力を語る。九世紀唐代中国のさすらいと苦難と冒険の旅。世界三大旅行記の一つ『入唐求法巡礼行記』の内容を生き生きと描写し、歴史的意義と価値を論じるライシャワーの名著。
1379

愚管抄を読む 中世日本の歴史観
大隅和雄著（解説・五味文彦）
中世の僧慈円の主著に歴史思想の本質を問う。平清盛全盛の時代、比叡山に入り大僧正天台座主にまで昇りつめた慈円。摂関家出身で常に政治的立場をも意識せざるを得なかった慈円の目に映った歴史の道理とは？
1381

アウシュヴィッツ収容所
ルドルフ・ヘス著／片岡啓治訳（解説・芝　健介）
大量虐殺の責任者R・ヘスの驚くべき手記。強制収容所の建設、大量虐殺の執行の任に当ったヘスは職務に忠実な教養人で良き父・夫でもあった。彼はなぜ凄惨な殺戮に手を染めたのか。本人の淡々と語る真実。
1393

馬・船・常民 東西交流の日本列島史
網野善彦・森　浩一著（解説・岩田　晶）
日本列島の交流史を新視点から縦横に論じる。馬・海・女性という日本の歴史学から抜け落ちていた事柄を、考古学と日本中世史の権威が論じ合う。常識を打ち破り、日本の真の姿が立ち現われる刺激的な対論の書。
1400

歴史・地理

江戸幕末滞在記　若き海軍士官の見た日本
エドゥアルド・スエンソン著／長島要一訳

若い海軍士官の好奇心から覗き見た幕末日本。慶喜との謁見の模様や舞台裏も紹介、ロッシュ公使の近辺で貴重な体験をしたデンマーク人の見聞記。旺盛な好奇心、鋭い観察眼が王政復古前の日本を生き生きと描く。

1625

龍馬の手紙　坂本龍馬全書簡集・関係文書・詠草
宮地佐一郎著

幕末の異才、坂本龍馬の現存する手紙の全貌。動乱の世を志高く駆け抜けていった風雲児の手紙は何を語るのか。壮大な国家構想から姉や姪宛の私信まで、計一三九通。龍馬の青春の軌跡が鮮やかに浮かび上がる。

1628

武士の家訓
桑田忠親著

乱世を生き抜く叡知の結晶、家訓。戦国の雄たちは子孫や家臣に何を伝えたのか。北条重時、毛利元就から、信長・秀吉・家康まで、戦国期の大名二十三人の代表的家訓を現代語訳し、挿話を交えて興味深く語る。

1630

昭和天皇語録
黒田勝弘・畑　好秀編

昭和天皇の「素顔」を映し出す折々のことば。践祚の勅語から日航機墜落事故への感想まで、歴代最長となる在位期間中の発言の数々に、周辺の事情を伝える新聞記事等を添えて綴った、臨場感溢れる昭和天皇語録。

1631

渤海国　東アジア古代王国の使者たち
上田　雄著

謎の国渤海と古代日本の知られざる交流史。七世紀末中国東北部に建国され二百年に三十回も日本に使者を派遣した渤海。新羅への連携策から毛皮の交易、遣唐使の往還まで、多彩な交流を最新の研究成果で描く。

1653

ナポレオン（上）（下）　英雄の野望と苦悩
エミール・ルートヴィヒ著／北澤真木訳（解説・アンリ・ビドゥー）

人間ナポレオンの実像に迫る世界的な名著。一兵士から皇帝に上り詰めた英雄。その生誕から臨終までの全生涯をドラマティックに記述。克明で、辛辣な心理描写。揺れ動く心の内面に光を当てたナポレオン伝。

1659・1660

井上光貞著（解説・大津　透）
飛鳥の朝廷
文化の飛躍的発展が開く古代統一国家への道。仏教伝来、聖徳太子の施策、大化の改新、白村江の戦いと壬申の乱、そして古代天皇制の確立へ。中国・朝鮮との濃密な関係をふまえ、六〜七世紀の日本を活写する。
1664

伊藤貞夫著
古代ギリシアの歴史　ポリスの興隆と衰退
西欧文明の源流・ポリスの誕生から落日まで。先史文明から諸王国の崩壊を経て民主政を確立した都市国家。ペルシア戦争に勝利し黄金期を迎えたポリスがなぜ衰退したか。栄光と落日の原因を解明する力作。
1665

丸山　昇著
上海物語　国際都市上海と日中文化人
上海の近現代を彩った人々が織りなすドラマ。帝国主義対半植民地、革命対反革命。矛盾・対立が渦巻く「中国の中の外国」上海租界を舞台に展開された、魯迅、郭沫若、金子光晴、内山完造らの活動の軌跡を追う。
1667

黒羽清隆著（解説・保阪正康）
太平洋戦争の歴史
公文書や庶民の日記で描く戦地と銃後の真実。真珠湾奇襲、ミッドウェー、ガダルカナルの死闘、原爆投下、ポツダム宣言と敗戦。人々に大きな傷跡を残した戦争を臨場感あふれる筆致で描く、忘れえぬ昭和の断章。
1669

鬼頭清明著（解説・渡辺晃宏）
木簡の社会史　天平人の日常生活
木簡から明らかになる古代人の暮らしと社会。宮城への通行証、役人の出勤伝票、借金の証文、物品の荷札や納品書、通行手形等々、多様な用いられ方をした木簡。その解析を通じて、古代社会のありさまを探る。
1670

A・アンベール著／茂森唯士訳
絵で見る幕末日本
スイス商人が描く幕末の江戸や長崎の姿。鋭敏な観察力、才能豊かな筆の運び。日本各地、特に、幕末江戸の町を自分の足で歩き、床屋・魚屋・本屋等庶民の生活の様子を生き生きと描く。細密な挿画百四十点掲載。
1673

日米戦争と戦後日本
五百旗頭《いおきべ》　真《まこと》著

日本の方向性はいかにして決定づけられたか。現代日本の原型は「戦後」にあるが、その大要は終戦前すでに定められていた。新生日本の針路を規定した米国の占領政策を軸に、開戦前夜から日本の自立までを追う。

1707

英国人写真家の見た明治日本　この世の楽園・日本
H・G・ポンティング著／長岡祥三訳

明治を愛した写真家の見聞録。写真百枚掲載。日本の美しい風景、精巧な工芸品、優雅な女性への愛情こもる叙述。浅間山噴火や富士登山の迫力満点の描写。スコット南極探検隊の様子を撮影した写真家の日本賛歌。

1710

北京物語　黄金の甍と朱楼の都
林田愼之助著

千年の都に躍動する英雄と庶民の歴史絵巻。十世紀、契丹人が都城を構えて以来、数々の王朝の都として繁栄した北京。その千年物語を、フビライ、永楽帝などの逸話と紫禁城、頤和園などの来歴を交えて描く。

1711

中世ヨーロッパの城の生活
J・ギース、F・ギース著／栗原　泉訳

中世英国における封建社会と人々の暮らし。時代は十一世紀から十四世紀、ノルマン征服を経て急速に封建化が進む中、城を中心に、人々はどのような暮らしを営んでいたのか。西欧中世の生活実態が再現される。

1712

中世都市　鎌倉　遺跡が語る武士の都
河野《かわの》眞知郎《しんぢろう》著

考古学が照らし出す、東国最大の都市の実像とは。豪荘な武家屋敷、軒を連ねる浜辺の倉、中国との盛んな交易……。考古学は古都鎌倉のイメージを次々と塗りかえる。発掘資料から明らかになる「もののふの栄華」。

1713

関東軍　在満陸軍の独走
島田俊彦著（解説・戸部良一）

対中国政策の尖兵となった軍隊の実像に迫る。日露戦争直後から太平洋戦争終結までの四十年間、満州に駐屯した関東軍。時代を転換させた事件と多彩な人間群像を通して実証的に描き出す、その歴史と性格、実態。

1714

《新刊案内》 講談社学術文庫

吉田伸之

日本の歴史17

成熟する江戸

日本橋魚市場、三井越後屋呉服店など活況を呈する経済活動。身分的周縁に生きた芸能者たち。あらゆる階層で社会的成熟をとげた十八世紀江戸を生き生きと描く。

1917

田中久夫

鎌倉仏教

臨済宗・曹洞宗・浄土宗・浄土真宗・時宗・法華宗。平安から鎌倉へと移りゆく時代に興った、信心をめぐる仏教改革の潮流に迫る、日本仏教史理解のための必読書。

1968

堀内修

オペラ入門

イタリア派もドイツ派も、バロック・オペラから挑発的な新演出まで、世界中で大人気。歴史、劇場・歌手・指揮者・演出家の最新事情、オペラ紀行など魅惑のガイド。

1969

中沢新一

純粋な自然の贈与

モースの贈与論、マルクスの剰余価値論、キルケゴールの愛の思想、レヴィ=ストロースの構造主義を超えて、人間科学の全体を組み直し、新贈与価値論を試みる。

1970

斎藤忍随
左近司祥子 訳

プロティノス「美について」

美の形而上学として後の思想に影響を与えた名作は、美と善の関係をどう捉えるのか。新プラトン主義の祖、イデアを体系化した哲学者の美に関する論文三篇を訳出。

1971

井上勝生

日本の歴史18

開国と幕末変革

一揆、打ちこわしが多発した十九世紀。開国を迫る列強に幕府は根底から揺さぶられる。沸騰する民衆運動に着目し、新史料を駆使して、動乱の「維新前夜」を描く。

1918

《新刊案内》　講談社学術文庫

伊谷純一郎
高崎山のサル
日本霊長類学の扉を開いた記念碑的名著。野生のニホンザルを追い観察を続け、ついに群れの社会構造を解明するまでの過程をいきいきと綴る。毎日出版文化賞受賞作。

1977

鈴木隆雄
骨から見た日本人
―古病理学が語る歴史―

縄文人の戦闘による傷痕、古墳時代の結核流行、江戸時代に猖獗をきわめた梅毒……。情報の宝庫である古人骨を丹念に調べ、過去の社会構造と時代の与件を解明する。

1978

三島憲一
ベンヤミン
―破壊・収集・記憶―

二十世紀前半、ヨーロッパ激動の時代に生きたベンヤミン。思想の根底にドイツ青年運動・ユダヤ神秘主義・シュルレアリスムを据えた孤独なラディカリズムに迫る。

1979

鈴木　淳
日本の歴史20
維新の構想と展開
五箇条の御誓文から帝国憲法発布へ。明治新政府は新たな政策・制度をどのように伝達・徹底したか。官と民によって織りなされる近代国家の息吹を鮮やかに描き出す。

1920

M・ボイス
山本由美子　訳
ゾロアスター教
―三五〇〇年の歴史―

三五〇〇年前に誕生した世界最古の啓示宗教は、キリスト教、イスラム教、仏教へと流れ込んだ。火と水の祭儀、善悪二元論、救世主信仰……。謎多き宗教への入門書。

1980

C・ダーウィン
荒川秀俊　訳
ビーグル号世界周航記
―ダーウィンは何をみたか―

進化論の提唱者が若き日、南米・豪州・南太平洋で目にした世界の驚異。人間や動植物、自然の記述を抜粋し、豊富な図版を交えて再編集した『航海記』のエッセンス。

1981